실전 창업 가이드

와일드북
와일드북은 한국평생교육원의 출판 브랜드입니다.

실전 창업 가이드

초판 1쇄 인쇄 · 2025년 01 월 15일
초판 1쇄 발행 · 2025년 01 월 20일

지은이 · 이겨레
발행인 · 유광선
발행처 · 한국평생교육원
편　집 · 장운갑
디자인 · 박형빈

주　소 · (대전) 대전광역시 유성구 도안대로589번길 13 2층
　　　　　 (서울) 서울시 서초구 반포대로 14길 30(센츄리 1차오피스텔 1009호)
전　화 · (대전) 042-533-9333 / (서울) 02-597-2228
팩　스 · (대전) 0505-403-3331 / (서울) 02-597-2229

등록번호 · 제2018-000010호
이메일 · klec2228@gmail.com
📷 instagram @wildseffect

ISBN 979-11-94710-24-0 (13320)
책값은 책표지 뒤에 있습니다.

실전
창업
가이드

이겨례 지음

와일드북

창업 사업 기획, 관리, 투자 등 다양한 창업 관련 업무를 오랫동안 하면서 다양한 분야의 창업자를 많이 만나보았다. 그러나 생각보다 많은 창업자가 창업을 실행하기 전에 반드시 알아야 하는 것들에 대해 충분히 공부하지 않는 경우가 많다. 이 책을 집필하게 된 계기도 창업을 준비하는 예비 창업자들이 창업을 하기 전에 반드시 이 책을 한 번 정도는 읽어보고 창업했으면 해서다. 필자는 이 책에서 셀프 자가진단, 창업 아이템 선정, 창업 준비, 창업 실행 등 창업 이전부터 이후까지 각 단계별로 어떠한 부분에 대한 검토가 필요한지 순차적으로 기술하였고, 실제로 창업자가 사업을 운영하면서 겪은 다양 한 분야의 사례도 반영하였다.

책에서 주요하게 보아야 할 부분은 총 네 가지이다.

첫 번째로 자신이 왜 창업을 하고 싶은지, 스스로가 창업에 적합한 사람인지 생각해보는 것이다. 주변 창업자들과 이야기를 하다 보면, 정말 생각보다 많은 창업자들이 본인의 창업 아이템이 다른 아이템들에 비해서 얼마나 우수한지, 시장에서 얼마나 잘 팔려서 돈을 어떻게 벌 것인지에 대해서는 고려하면서, 자신이 창업에 얼마나 적합한 사람인지에 대한 고민은 하지 않는 경우를 많이 본다.

막상 창업을 시작하고 보면 생각지도 못한 많은 변수들, 사람들에 대한 실망감, 경쟁 등 나 자신과 싸워야 하는 상황을 수도 없이 맞닥뜨린다. 그래서 창업자가 창업을 본격적으로 시작하기에 앞서서 셀프 자가진단을 통하여 자신이 창업을 해서 정말 성공할 수 있는 사람인지를 반드시 고려해 보기를 권한다. 본인 스스로를 객관적으로 파악한다는 것은 쉽지 않은 일이지만, 그럼에도 불구하고 시행착오를 최소화하기 위해서 본인의 리더십, 창의력, 사회성, 열정적 끈기, 아이템 관련 지식, 재무감각, 위기대처능력 등 셀프 자가진단을 위한 최소한의 항목을 체크리스트로 만들어서 체크를 해보기를 권한다.

체크리스트를 만들라고 권하는 이유는 자신이 부족한 부분이 있다고 해서 창업을 포기하라는 뜻이 아니고, 부족한 부분을 어떻게 보완할 것인지 사전에 전략을 세우기 위함이고, 과연 그 단점을 스스로 극복할 수 있는지 미리 체크하여, 창업이라는 거대한 산을 오르기 전 철저하게 대비하자는 것이다.

두 번째로 아이템 정하기이다. 물론 창업 아이템은 자신의 경험(학위, 경력 등)을 바탕으로 정하는 것이 대부분이다. 하지만 본인이 경험하였다고 해서 반드시 옳은 창업 아이템이라고 볼 수 없고, 성공한다고 할 수는 없다. 정말 많은 창업자들이 창업 아이템 선정을 잘못하여 창업에 실패를 하게 된다. 창업 아이템 선정은 반드시 시대의 흐름

과도 일치해야 성공할 수 있다. 예를 들어 IT를 전공하고 삐삐를 만드는 회사에 취직한 경험이 있다고 하자. 그렇다고 내가 회사를 그만두고 삐삐 아이템으로 창업하는 것이 바람직한 것인가는 다시 한번 생각해보아야 하는 것이다. 왜냐하면 삐삐의 사업수명이 매우 짧기 때문이다. 그렇기 때문에 반드시 자신이 알고 있는 분야뿐만 아니고 다른 분야의 창업 사례를 알아보아야 한다. 다른 창업 아이템의 장단점을 분석하다 보면 창업 아이템의 부족한 부분을 보완하거나, 다른 창업 아이템을 통해 새로운 흥미와 재능을 발견할 수도 있고, 특히 다른 창업 아이템을 나의 창업 아이템과 접목시키는 융합도 탄생을 할 수 있는 것이다.

그러나 무엇보다 다양한 창업 아이템에 대하여 공부해야 하는 이유는 효율성 때문이다. 사업 아이템에 따라 투입되는 노력에 비해 성과 차이가 크고, 노력이 들어가야 하는 시간도 천차만별이기 때문이다. 그래서 창업을 하기 전, 자신이 경험한 분야의 창업뿐만 아니라 세상의 다양한 창업에 대하여 공부하기를 권한다. 이 책에서도 매우 다양한 분야에서 현업 창업자 인터뷰와 문헌 분석을 통해 창업 아이템에 대해서 밀도 있게 다루었다.

세 번째로는 사업 타당성 조사, 창업 준비부터 실행까지 창업 전 과정에서 필요한 부분에 대한 모의 훈련이다. 섀도복싱이라고 들어보았는가? 섀도복싱의 가상의 상대를 앞에 두고 공격과 방어 기술을 실전처럼 구사하는 훈련 방법이다. 창업 또한 반드시 이러한 과정이 필요하다. 가상의 고객을 대상으로 아이템(서비스)을 제공하며 가능한 변수를 모두 고려하고, 발생할 미래 상황에 대처하는 모의 훈련이 필요한 것이다. 그럼에도 또 다른 변수가 발생하겠지만 이러한 과정을 거치지 않는다면 매우 사소한 저항에도 창업은 위기를 맞이할 수 있다.

　마지막으로는 출구전략이다. 혹자는 사업을 시작하기도 전에 왜 그만둘 생각부터 하라는 것이냐고 반문할 수도 있을 것이다. 그러나 출구전략은 사업을 중단하려는 전략이 아니라 어떻게 성공적으로 마무리할지에 대한 전략이다. 성공적인 사업이라고 하여 평생 죽을 때까지 이끌어 가는 게 과연 옳은 전략인지, 사업의 성과가 좋지 않지만 다른 대안이 없어서 계속 유지하는 게 과연 옳은 전략인지 반드시 미리 고민해봐야 한다.

　예비 창업자들은 어떻게 하면 사업을 성공시킬 수 있을지에 대한 고민에만 집중할 뿐, 출구 전략에 대해서는 전혀 고려하지 않는다. 하지만 출구전략은 사업의 최종 목표와도 일치하는 것이므로 사업을 가족들에게 물려 줄지, 다른 사람에게 매각을 할지, 사업에서 완전히 손을 떼고 여행을 하고 싶은지, 발을 완전히 빼지 않고 부분적으로 관여하고 싶은지 지금 당장 선택할 수 없다고 해도 답을 찾아보는 것이 좋다.

::목 차

1장 셀프 자가진단

1 ✎ 창업의 동기(사람들은 왜 창업을 할까?)

　　나는 업무상(창업 심사, 사업계획서 평가, 입주기업 면담, 현장실사, 투자 미팅 등)이나 개인적으로 수많은 창업자를 만난다. 창업자를 만나면 종종 창업자에게 물어보는 것이 있는데 바로 창업을 하게 된 동기에 대해서다. 그런데 창업 동기에 관해 물어보면 대부분의 창업자들은 대부분 창업 아이템이 얼마나 우수한지 이야기한다. 하지만 내가 듣고 싶은 이야기는 창업 아이템이 얼마나 우수한지가 아닌 여러 가지의 창업 리스크에도 불구하고 취직이 아닌 창업을 결심하였는지에 대한 조금 더 근본적인 이야기이다.

　　창업 아이템이 이미 결정된 상황에서 별로 중요한 것이 아니라고 생각할 수도 있지만 창업 동기는 사업을 하는 이유와 목적으로 내가 운영하게 될 사업 방향과 직결되며 비즈니스 모델이나 동기부여, 기업 문화 등에도 영향을 주는 것은 물론 주변 상황이 변해도 계속 책임감 있게 나갈 수 있는지를 알아보는 가늠자가 된다.

　　즉, 창업 동기는 사업의 지속성(영속성)과 관련이 있는 것이다. 만일 창업 동기가 어떤 주변 상황에 의해서 만들어진 경우라면 주변 상황이 바뀌면 금방 식어버릴 가능성이 높다. 최악의 경우에는 사업 운영 도중 스스로 지쳐 포기할 수도 있다.

　내가 알던 A 창업자의 이야기를 들어보자. 평소 A가 개발한 아이템에 대한 주변 반응이 좋았고, 회사를 설립하면 도움을 줄 사람도 많을 것 같아 창업했다. 그런데 막상 설립하고 나니 아이템은 좋지만 적당한 판매금액을 맞추기가 어렵고, 생각보다 제품 생산이나 판매 과정에서 어려움도 많고 다른 중요한 일들도 많아진다. 즉, A가 모든 업무를 하기가 점점 힘들어지고, 여러 가지 어려움이 많아진다. 그래서 자신과 함께 운영할 사람과 능력이 있는 직원을 채용하려고 하지만 마땅한 사람이 없다. 혼자서 회사를 운영하기는 더 이상 힘들어 A가 개발한 아이템만을 팔려고 한다.

　그러나 아이템만을 사고자 하는 곳은 없다. 그러다 보니 어느 틈엔가 폐업 위기를 맞이한다. 막연하게 아이템이 잘 될 거 같아서, 평소 내가 좋아하고 관심이 있던 분야라서, 누가 유망한 아이템이라고 추천해서…… 등과 같은 구체적이지 않은 막연한 이유가 창업의 동기라면 창업을 말리고 싶다. 사업을 하다 보면 아무리 완벽에 가깝게 준비했고, 아이템이 우수하더라도 항상 뜻하지 않는 변수가 발생하며 심각한 수준의 위기도 찾아오기 마련이기 때문이다.

　창업 동기가 분명해야 하는 이유는 사업 운영에 많은 책임이 따르기 때문이다. 창업 후에는 세무, 회계, 마케팅, 인사 등 알아야 할 지식도 많고, 돈도 많이 들어갈 것이며, 직원이 생겼을 경우에는 직원 생계도 간접적으로 책임을 지게 된다.

　누구 밑에서 일하는 게 싫어서라든지, 큰돈을 굴릴 수 있으니까,

성공에 대한 조급함 등으로 창업을 한다면 그 성급함에 대한 대가는 너무나도 크다. 창업 동기가 분명하지 않다면 창업 준비도 철저히 할 수 없을 것이고, 창업에 성공할 가능성은 줄어들 것이다. 필자가 처음 책을 쓰게 된 계기도 수많은 창업자를 접하면서 공부하고 경험한 것들 공유하여, 창업을 마음먹은 독자분들이 시행착오를 조금이라도 줄일 수 있고, 기왕 시작한 사업을 오래오래 성공적으로 유지하였으면 해서다. 그러므로 창업을 결심한 여러분께 첫 번째로 질문하고 싶다. 여러분의 창업 동기는 명확한가?

셀프 자가진단(나는 창업으로 성공할 수 있는 사람인가?) 체크리스트

1) 리더십 = 자기주관(자기 확신) + 센스(매력도)

 일반적으로 리더십은 한가지 요소만으로 이것을 갖추었다고 판단할 수 있는 영역이 아니며 여러 가지 유형의 리더십이 있어서 각 유형별로 장단점이 존재한다. 그런데 어떻게 그 사람이 창업자로서의 리더십을 갖추었는지 판단할 수 있다는 것인지 의아해하는 분들도 있을 것으로 생각한다. 그럼에도 우리는 성공한 창업자들이 어떠한 리더십 역량을 갖추었는지 알아보고, 나의 창업 리더십이 어느 정도인지 따져보아야 한다는 것이다.

 우선 첫 번째로 판단해야 할 부분은 자기주관이다. 자기주관이란 정말 다양하게 해석도 가능하지만 창업에서의 자기주관은 창업 아이템에 대한 확신이라고 생각하면 된다. 자기주관이 없으면 주변 사람들에게 쉽게 흔들릴 수 있고, 아이템에 대한 확신이 없다면 창업가로서의 리더십은 부족하다고 판단해야 한다. 그 이유는 창업을 하면서 직원들을 상대하고, 주변 네트워크의 많은 사람들을 상대해야 하는데 자기주관 없이 상대를 설득하지 못한다면 창업의 성공 가능성은 높지 않을 것이 명확하기 때문이다.

　두 번째로는 센스다. 센스 또한 모호한 단어지만 창업에서의 센스는 말하는 단어와 태도, 그리고 소통방식에서 보이는 특별한 매력이라고 할 수 있다. 다시 한번 말하면 센스는 함께하는 직원들에게 신뢰를 주며, 함께 일하고 싶도록 동기부여를 해주는 것을 말한다. 일반적으로 말하는 센스있는 사람은 주위 분위기를 잘 맞춰주면서도, 자기가 원하는 방향으로 잘 이끄는 사람들을 말하듯이, 창업에서의 센스란 때로는 명확하고, 때로는 유연하게 직원들을 이끌어 가는 리더십을 말한다. 센스있는 창업자는 어떠한 문제점에 대하여 정확하게 전달하고, 지적하지만 상대방의 의견도 적극적으로 수용하여 융통성도 발휘한다.

2) 창의력 = 끊임없는 공부

　창업은 창의력을 기반으로 하는 것이지만, 실제로 그 창의력의 수준은 정말 엄청난 혁신을 기반으로 하는 경우는 많지 않다. 양자컴퓨터처럼 이전의 판도를 완전히 바꾸는 아이템은 소수이고, 기존에 쓰던 것을 조금 개량하는 것들이 대부분인 것처럼 말이다. 사실 창의력은 어느 정도 타고나는 것도 있겠지만 창업에서의 창의력은 끊임없는 공부와 주변 정보에 대한 관심에서 비롯된다고 할 수 있다. 모방은 창조의 어머니라는 말을 다시 한번 생각해보면 결국 아무런 기초지식과 관련 정보도 없이 창의력을 발휘하기라는 힘들다는 말도 된다.

　이처럼 창업 아이템에 대해서 끊임 없이 공부하고, 트렌드도 살피면서 해결방안을 고민해야 창의력이 발휘될 수 있다는 말이다. 이러한 창의력을 발휘하려면 항상 주변의 소리에도 귀 기울이면서 개방적인 태도를 가지고 있어야 할 것이다. 자신이 개방적인 태도를 가지고 항상 끊임없이 공부하면서 새로운 아이디어를 내는 사람인가 깊이 생각해보기를 바란다.

3) 사회성

사회성이 좋다는 이야기는 흔히, 다른 사람들의 감정을 잘 이해하고, 센스 있게 어디서든 잘 어울리는 것을 말한다. 사회성이 좋은 사람들은 항상 주위에 사람들이 많고, 어디에서나 환영받는 사람을 말하기도 한다. 창업에서의 사회성이란 내 주위에 좋은 사람들을 모을 수 있는가에 대한 능력이고, 투자자로부터 투자를 끌어내며, 바이어에게 물건을 팔 수 있는 능력이다. 이렇듯 창업자의 사회성은 우선 주변에 많은 사람들과 두루두루 관계를 잘 유지하는 것을 말하는데, 사회성이 부족하면 사업 과정의 모든 어려움을 혼자 감당해야 한다. 슈퍼맨이라도 혼자서 모든 것을 다 하기는 쉽지 않으므로 반드시 창업자는 주위로부터 도움도 받고, 서로 의지할 수 있는 역량이 필요한 것이다. 즉, 창업자는 내부(창업팀)와 외부(투자자, 바이어, 협력사 등)로부터 도움을 받지 않으면 결코 성공할 수가 없다. 주위로부터 사회성이 없다는 이야기를 들었다면 왜 그런 이야기를 들었는지 반드시 따져보고 극복할 수 있는 방안을 마련해야 한다.

4) 열정적 끈기

열정적 끈기는 사업을 성공시킬 때까지 활기찬 에너지를 유지하는 것을 말한다. 그렇다고 해서 열정적 끈기를 항상 지치지 않고, 에너지 넘치게 생활하는 것을 말하지는 않는다. 창업에서의 열정적 끈기란 슬럼프가 와도 빨리 극복하고, 시련을 겪기는 해도 실패하지는 않으며, 넘어져도 툭툭 털고 일어나는 오뚜기와 같은 역량을 말하는 것이다. 만약 안빈낙도의 삶을 꿈꾸며 편안하고 굴곡이 적은 삶을 추구한다면 창업은 자신과 맞지 않다고 할 수 있다. 창업에는 수많은 어려움이 따르고, 그럼에도 다시 극복하고 열정적으로 매진해야 하는 일이기 때문이다. 이처럼 평소 어떠한 목표를 정하면 열정을 가지고 끝까지 해내는 스타일이라면 창업자로서 성공할 가능성은 높아진다.

5) 아이템 관련 지식

아이템 관련 지식은 창업하기 전 반드시 갖추어야 할 역량이다. 당연한 이야기겠지만 아이템 관련 지식이 남들보다 충분히 뛰어나지 않다면 그 성공 가능성은 떨어진다. 그렇다면 남들보다 뛰어날 정도로 충분하다는 것이 어느 정도일까? 그것은 두 가지 기준으로 판단한다.

첫 번째로는 아이템에 대한 전문지식이 유사 분야의 전문가와 동일한 수준이어야 한다. 쉽게 이야기하면 내가 제공하는 아이템(서비스)에 대해서 충분히 알지 못하면 고객과 투자자를 설득할 수 없다. 그렇기 때문에 창업자는 아이템에 대해서 다른 누구보다 최고의 전문가이어야 한다.

두 번째로 아이템의 수명, 경쟁 관계, 타깃 고객 등 아이템 관련 주변 사항들에 대한 지식이 누구보다 뛰어나야 한다. 내 아이템에 대해서는 잘 알지만, 아이템을 둘러싼 주변 환경을 잘 파악하지 못하면 이를 사업화하기가 힘들기 때문이다. 즉, 특정 아이템으로 사업화를 추진하더라도 해당 아이템의 수명주기가 짧아 1년도 채 수익을 창출하기 어렵거나, 주요 경쟁업체가 대기업일 경우에는 성공 가능성이 낮아질 수밖에 없다.

6) 재무감각

재무감각은 한마디로 이것이 돈이 되는지 판단하는 능력을 말한다. 사실 돈이 되는지 아닌지 판단한다는 것은 생각보다 쉽지 않다. 막연하게 아이템이 좋으니까 돈이 된다거나, 시장에서 비싸게 팔리고 있어서 돈이 된다거나 하는 말은 맞지 않는 말이라고 할 수 있다. 돈이 된다는 것은 매출액이 높다는 이야기가 아니고, 영업이익률이 높다는 이야기라는 것이다. 이렇게 영업이익률을 판단하고자 한다면 창업자는 재무에 문외한 이어서는 안된다. 재무감각은 재무지식으로부터 나온다. 주변에 주식 투자하는 사람들 중에는 재무를 전혀 안 보는 사람들도 많은데, 정말 이것은 매우 위험한 투자라 생각한다. 재무를 읽을 줄 알아야 그 회사가 돈을 얼마나 벌고 있는지, 쌓아둔 돈이 얼마나 많은지, 투자수익은 어느 정도인지, 위험요소가 무엇인지가 보인다. 창업자에게 재무감각은 필수 요소다. 즉, 내가 하고자 하는 아이템의 경쟁업체가 매출액이 높음에도 불구하고 지속적으로 적자를 기록하고 있다면, 해당 아이템의 수익성은 없을 가능성이 있다.

7) 위기대처능력(변화 대처능력)

창업을 하면 수많은 위기가 찾아오는데, 위기 대처능력은 이를 극복할 수 있는 능력이면서, 다양한 사회변화에 대처할 수 있는 능력이다. 어려운 상황에서도 냉정하게 판단하고 신속하게 대처할 수 있는 능력으로 예기치 않은 문제가 발생했을 때에도 긍정적인 마인드셋으로 문제를 해결하고, 적절한 대책을 세울 수 있는 능력인 것이다. 점점 사회변화 속도가 빨라진다는 것은 누구나 알고 있는 사실이다. 이러한 빠른 사회변화를 이해하고, 항상 사업 아이템 관련 정보를 수집하여 변화에 능동적으로 대응을 할 줄 알아야 한다. 발 빠르게 변화(위기)에 대응하고자 한다면 나도 항상 같이 변화하여야 하고, 항상 정보수집을 게을리해서는 안 된다. 요즘은 CHAT GPT와 같은 AI 도구들로 인하여 자료수집이 수월해졌다. 수단과 방법을 가리지 말고, 아이템 관련 최신 정보를 수집해서 변화에 미리미리 대응해야 살아남을 수 있다.

3 자가진단 체크리스트 활용하기

　　앞서 제시한 체크리스트를 보면 정말 창업자는 슈퍼맨이라도 되어야 하는 것이냐고 반문할 수도 있겠지만, 실제로 창업자는 슈퍼맨이 되어야 성공할 수 있다. 앞에서 체크리스트의 어떠한 역량이 부족하다는 것은 내가 사업을 운영함에 있어서 그 부족한 부분이 항상 발목을 잡을 수 있다는 뜻이기도 하다. 하지만 서두에 언급하였던 것처럼 창업자의 역량을 100% 다 갖추고 창업하는 경우는 없다고 봐도 과언이 아니다. 그래서 체크리스트를 활용하자는 것이다.

　　앞의 체크리스트를 활용하는 방법은 간단하다.

　　첫 번째로, 위 체크리스트에서 부족한 항목에 대해서 스스로 극복하는 것이다. 태생이 슈퍼맨이라면 좋겠지만, 그렇게 태어나지 않았다면 항상 노력하고 배워서 단점을 극복하려고 하여야 한다. 창업을 하면 알게 되겠지만 규모가 크게 확장되기 전에는 대표가 모든 것을 챙기고, 다 잘해야 한다.

두 번째로, 체크리스트 항목에서 부족한 부분이 있다면 외부 자원을 활용하여 극복하여야 한다. 예를 들어 재무 쪽으로는 문외한이고, 숫자만 보면 머리가 지끈지끈해 재무감각에 대해 극복이 불가능하다고 생각이 된다면, 다른 전문가를 활용하는 것이다. 재무 전문가를 채용하거나, 일시적으로 필요할 때 외부 전문가에게 자문을 구하는 것이다.

마지막으로, 자신의 역량이 뛰어난 부분을 무기로 삼는 것이다. 체크하다 보면 분명히 부족한 부분도 있고, 강점인 부분도 있을 것이다. 체크리스트에서 다른 사람보다 뛰어나다고 생각하는 부분은 나만의 무기로 활용하자. 예를 들어 자신이 사회성이 뛰어나다면 주변 관계를 잘 유지하여 도움을 받을 수 있을 것이다. 사회성 좋은 사람이 어디서나 환영받듯이 이를 활용하여 사업에 플러스요인으로 만들면 되는 것이다.

2장 창업 아이템 선정

1 창업 아이템 선정으로 모든 것이 바뀐다

셀프 자가진단을 통과했다면 창업 아이템을 선정해야 하는데, 이미 창업 아이템을 결정한 사람도 있을 것이다. 그럼에도 창업하려는 아이템 이외에 다른 창업 아이템에 대한 연구는 필수라고 강조하고 싶다. 자신이 10년 이상을 바쳐서 근무했다고 해서, 해당 아이템 관련해서 박사학위를 가지고 있을 정도로 전문가라고 해서 최고의 창업 아이템이라고 할 수 있는가?

절대 아니라고 말하고 싶다. 그 이유는 경제가 성장함에 따라 기존의 산업 중에서 침체에 빠지거나 경제 여건상 쇠퇴해가는 산업이 반드시 있기 때문이다. 창업 아이템 선정에 있어서 반드시 이러한 경제 수명도 고려하여야 하는데, 자신의 경험만으로 창업 아이템을 선정하기에는 이러한 리스크를 반영하지 못한다. 그래서 창업 아이템을 선정하기 전에 반드시 다른 창업 아이템은 어떠한 것들이 있는지 알고 있어야 한다고 생각한다. 어떠한 창업 아이템을 선택하는지에 따라 창업 준비부터 운영, 삶까지 모든 것이 바뀐다. 어떻게 보면 창업 아이템 선정과 동시에 성공 여부가 결정될 정도로 가장 중요하고, 몇 번을 강조

해도 지나치지 않는다.

그럼 창업 아이템 선정으로 어떤 점들이 바뀌는지 구체적으로 알아보자.

첫째, 어떠한 창업 아이템을 선정하느냐에 따라서 벌어들일 수 있는 소득의 크기가 정해진다. 모든 창업 아이템은 그 아이템이 가지고 있는 시장규모가 있다. 그 시장규모를 바탕으로 아이템이 어느 정도의 비중을 차지하는가가 바로 시장 점유율이라고 할 수 있다. 시장규모가 클수록, 아이템이 뛰어날수록 당연히 벌어들일 수 있는 소득의 크기는 커진다고 생각하면 된다.

둘째, 어떠한 창업 아이템을 선정하느냐에 따라서 필요한 자본의 크기가 달라진다. 사업에 필요한 비용은 개발비, 유지비, 인건비, 광고비 등 다양한데, 이러한 비용은 어떠한 아이템을 선택하는지에 따라 천차만별이다. 예를 들어 붕어빵을 만드는 데 드는 개발비용과 신약을 만드는 데 드는 개발비용이 똑같을 수는 없는 것이다.

셋째, 어떠한 창업 아이템을 선정하느냐에 따라서 사업 수명이 달라진다. 주로 의식주와 같이 삶에 없어서는 안될 필수적인 아이템이 아닌 유행을 타는 아이템의 경우에는 수명이 짧다고 할 수 있다. 예를 들어 삐삐, DOS(디스크 운영체제), PMP, MP3 등은 한때 잘나가는 아이템이었지만, 시대가 변화함에 따라 지금은 누구도 사용하지 않는다. 그렇기 때문에 창업 아이템을 선정할 때에는 반드시 아이템의 수명 체크를 해야 한다. 최첨단 산업일수록 그 수명 주기는 매우 짧아진 다고 할 수 있다.

넷째, 어떠한 창업 아이템을 선정하느냐에 따라서 사업 전략 및 운영 방식이 달라진다. 인테리어, IT 개발 등 전문적인 기술 기반 사업은 기술인력 확보가 가장 중요한 요소일 것이고, 카페 사업은 장소, 브랜드, 맛이 가장 중요한 요소일 것이다. 창업자는 내가 가진 역량으로 감당이 가능한 사업 아이템을 선정해야 하는 것이다.

다섯째, 어떠한 창업 아이템을 선정하느냐에 따라서 내 삶의 질이 달라질 수 있다. 학창시절 항상 1등만을 하던 A 씨는 부모님의 권유로 의대를 졸업하고, 외과병원을 개업하였다. 그런데 A 씨는 피를 보기만 해도 비위가 상해 구토를 할 정도였다. 도저히 나아지지 않는다. 주위에서는 다들 부러워하는 병원 원장이었지만 과연 자신의 삶이 행복하다고 할 수 있을까? 창업 아이템을 선택할 때에 적성과 흥미도 반드시 고려되어야 한다는 것이다.

여섯째, 어떠한 창업 아이템을 선정하느냐에 따라서 성공확률도 달라진다. 50년간 시장에서 노하우를 전수하며 이어오는 먹거리 창업의 성공률이 높을까, 대학을 갓 졸업하고 시작한 플랫폼 사업의 성공률이 높을까? 즉 시장성 확보가 충분히 되어있는 아이템과 시장성 확보가 불확실한 아이템은 그 성공률에서 천지 차이가 있는 것이다.

창업 아이템 선택은 이후 삶 전반을 크게 변화시킨다. 그렇기 때문에 다양한 분야의 가능한 많은 분야의 창업 아이템을 알아보고, 자신에게 적합한 창업 아이템을 골라야 한다고 생각한다. 또한 창업 아이템 선정에 있어서 직접 경험해본 것과 해보지 않은 것은 큰 차이가 있으므로 반드시 창업 전에 해당 분야에서 직접 근무해보는 것이 시행착오를 줄일 수 있는 중요한 방법이라고 생각한다.

이에 예비 창업자에게 적합한 창업 아이템 선정을 돕기 위해 다양한 사례를 소개하고자 한다.

2 창업 아이템의 종류

앞에서 **창업 아이템** 선정의 중요성에 대해 충분히 이야기했다. 그럼 이제부터 창업자가 아이템을 선정하기 전에 반드시 이러한 창업 아이템도 있다는 것을 알아야 하는 창업 아이템들을 소개하고자 한다. 여기서 소개하는 창업 아이템들은 해당 아이템의 사업주와 직접 인터뷰하고, 저자의 간접 경험을 활용하였으며 여러 문헌정보들을 활용한 것들이다. 반드시 다음에 소개되는 모든 창업 아이템을 꼼꼼하게 읽어보고, 선택하려는 창업 아이템이나 이미 선택한 창업 아이템이 과연 최선의 선택인지 다시 한번 생각해보는 계기가 되었으면 한다.

1) 창업 아이템 종류

다음의 창업유형 분류는 창업기업 업종 분류체계의 개선방안 연구(2018.11)에서 창업 전문가 13명에게 개방형 설문으로 진행한 광의의 개념에 따른 창업유형 분류이다.

구 분			해당 업종
기술 창업	제조업	첨단기술	의료용 물질, 의약품, 전자부품, 컴퓨터/영상, 음향 및 통신장비, 의료/정밀, 광학기기 및 시계, 항공기/우주선 및 부품제조
		고기술	화학물질 및 화학제품, 전기장비, 기타 기계 및 장비, 자동차 및 트레일러, 철도 및 기타운송장비
		중기술	코크스/연탄 및 석유 정제품, 고무제품 및 플라스틱제품, 비금속광물제품, 1차 금속, 금속가공제품
		저기술	식료품, 음료, 담배, 석유제품, 의복/액세서리 및 모피제품, 가죽/가방 및 신발, 목재 및 나무제품, 펄프/종이제품, 인쇄 및 기록 매체 복제업, 기타제품 제조업
	지식서비스업		출판, 영상, 정보통신 및 정보서비스업
			전문, 과학 및 기술 서비스업
			사업지원 서비스업
			교육서비스업
			보건업 및 사회복지 서비스업
			예술, 스포츠 및 여가 서비스업
일반 창업	생계형 창업		도매 및 소매업
			숙박 및 음식점업
	기타 서비스업 및 건설업		일반 서비스업
			건설업 등

※ 출처 : 창업기업 업종 분류체계의 개선방안 연구(한국벤처창업학회, 2018.11)

광의의 개념으로 나눈 창업 종류만 해도 이와 같이 수십 가지에 이르고, 실제로 국세청에 등록된 업종은 1,590건(2024년 11월 기준), 2024년 11월 기준 사업자 수만 해도 10,220,738개에 이른다. 우리나라 사람들 중 다섯 명 중 한 명(20%)은 사장님이란 이야기다. 즉, 모든 창업 아이템에 대하여 자세하게 알아보기란 불가능하다는 말이다.

그럼에도 불구하고 다양한 창업 아이템에 대하여 알아야 하는 이유는 현재 자신의 상황(자본, 지식, 배경, 여건 등)을 기반으로 어떠한 아이템이 가장 적합한지 알아보는 것이다. 가령 이미 창업 아이템을 선정했더라도 수익성이 낮거나 자신에게 맞지 않다면, 여러 아이템 중에서 보다 적합한 아이템으로 변경할 필요가 있다.

2) 국세통계포털(https://tasis.nts.go.kr/)로 창업 업종 최신 동향 파악하기

창업 아이템을 선정하기에 앞서 창업의 트렌드가 어떤가를 알아보기 위해서는 국세통계포털을 활용하면 매우 좋다.

우선 예비 창업자가 주목해야 할 부분은 전년 동월 대비 사업자 수 증감 업종이다.

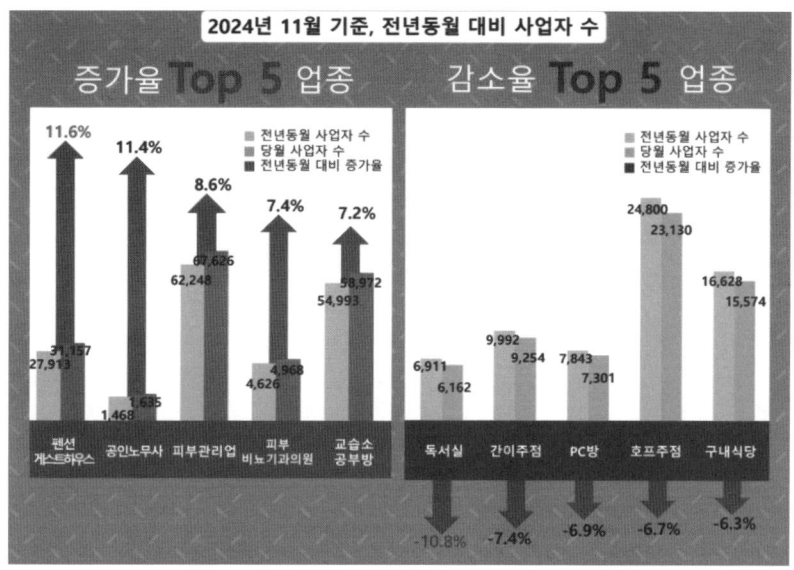

2024년 11월 기준, 전년동월 대비 사업자 수

증가율 Top 5 업종 / 감소율 Top 5 업종

※ 출처 : 국세통계포털(https://tasis.nts.go.kr/)

위 데이터를 기준으로 예를 들어보겠다. 전년 동월 대비 사업자 수가 가장 증가한 업종 Top5는 펜션, 공인노무사, 피부관리업, 피부비뇨기과의원, 교습소 공부방이고, 가장 감소한 업종 Top5는 독서실, 간이주점, PC방, 호프주점, 구내식당이다.

이 통계를 보고 창업 트렌드를 분석해보자.

증가비율이 높은 업종은 당연히 최근 업황이 좋다는 것을 말하지만, 수개월간 지속적으로 증가비율이 높다가 주춤한다면 경쟁이 치열할 가능성도 있으므로 단순히 2024년 11월 시점만으로 판단하면 안 되고, 매월의 증가율도 함께 분석하는 것이 좋다.

또한, 감소비율이 높은 업종은 당연히 최근 업황이 안 좋다는 것을 반영한다. 독서실의 경우는 거의 몇 년간 감소세를 보여주고 있어 이제는 거의 없어져 간다고 볼 수 있다.

증가비율과 감소비율 이외에 주요하게 보아야 할 것은 사업자 수이다. 전체적인 업종의 규모를 파악하고자 한다면 사업자 수를 보아야 한다. 절대 사업자 수가 많은 업종의 시장이 아무래도 큰 규모의 시장일 가능성이 높다.

그러므로 여러 가지 상황을 종합적으로 판단하려면 증가 및 감소비율, 사업자 수, 매월 데이터를 함께 비교하여야 한다.

또한 사업자 수가 가장 많은 Top 20 생활업종을 알아보자, 이 데이터는 한국에서 어떤 사업을 가장 많이 하는지 알 수 있고, 최근 업황이 어떤지도 간접 유추해볼 수 있는 데이터이다.

2024년 11월 기준
사업자 수 Top 20 생활업종

순위	업종	사업자 수	전년동월대비	순위	업종	사업자 수	전년동월대비
1	통신판매업	647,539	6.1%	11	편의점	53,288	-0.3%
2	한식음식점	413,020	0.3%	12	분식점	52,144	-3.6%
3	부동산중개업	143,170	-2.2%	13	자동차수리점	48,664	1.2%
4	미용실	115,444	2.0%	14	패스트푸드점	48,182	-0.4%
5	커피음료점	96,404	-0.2%	15	식료품가게	47,110	-2.2%
6	실내장식가게	86,310	5.1%	16	화장품가게	38,089	-2.7%
7	옷가게	84,301	-2.7%	17	스포츠교육기관	36,583	6.0%
8	피부관리업	67,626	8.6%	18	예술학원	33,690	0.5%
9	교습학원	66,118	2.9%	19	기타외국식음식점	31,203	-0.4%
10	교습소·공부방	58,972	7.2%	20	펜션·게스트하우스	31,157	11.6%

※ 굵은 글씨는 전년동월대비 5% 이상 증가(감소) 업종

※ 출처 : 국세통계포털(https://tasis.nts.go.kr/)

위 데이터를 보면 통신판매업의 사업자 수가 가장 많으면서도 전년동월대비 증가하는 것을 볼 수 있는데, 이는 수요가 많으면서도 경쟁이 치열하다는 것을 유추할 수 있다.

다만, 어디까지나 국세통계포털(https://tasis.nts.go.kr/)의 데이터는 간접정보라는 것이다. 이러한 데이터를 기반으로 필요한 다른 자료를 종합적으로 수집한 뒤, 내가 하고자 하는 사업 아이템이 사업성이 있는지 판단해야 한다.

3 창업 전 반드시 알아야 하는 창업 아이템

1) 창업 아이템 분류

창업 유관기관, 전문가 등은 다양한 기준으로 창업 아이템을 분류한다. 이러한 분류는 일정한 기준에 따라 이루어진 것으로, 어떤 기준으로 분류하느냐에 따라 달라질 수 있을 뿐 옳고 그름의 문제는 아니다.

그렇기 때문에 저자가 분류한 창업 아이템 분류도 반드시 그 경계가 명확하다고 볼 수는 없고, 때에 따라서 매장형 창업, 무점포 창업이 기술창업이 되기도 하며, 전문가 창업을 파생하여 기술창업으로 만들기도 하는 경우도 있다. 그럼에도 우리가 창업 아이템을 분류하는 것은 투입되는 자본, 자금조달(투자유치), 시간 등이 유형별로 창업 과정이 많이 다르고 결과도 많이 달라서 이러한 분류를 통해, 창업하기 전에 어떠한 것들이 필요하고, 실제 그 사례는 어떤 것들이 있으며, 장단점은 무엇이며, 어떻게 운영을 해야 할지 정확하게 아는데 그 목적이 있는 것이다.

다시 한번 강조하고 싶은 점은 창업 아이템을 선정할 때 자신이 좋아하는 아이템, 하고 싶은 아이템만을 고려하지 말고, 실제로 창업을 하였을 때 수익이 얼마나 되며, 전망은 어떻고, 창업과 워라벨을 어떻게 유지될 것인지도 반드시 고려하였으면 한다는 것이다. 이것을 강조하는 이유는 실제로 창업기업을 운영하는 많은 대표들이 해당 분야에 상당한 지식과 전문성이 있음에도 어려움을 겪는 경우가 많기 때문이다.

여기서 분류하고자 하는 창업 아이템은 크게 총 4가지이다.

구 분	기술창업	매장형 창업	무점포 창업	전문가 창업
정의	• 지식재산권(특허 등)을 기반으로 하는 창업	• 일정한 공간 안에서 사업 활동을 하는 창업	• 일정한 공간 없이 사업 활동을 하는 창업(SOHO 창업이라고도 함)	• 특정 분야의 전문가가 전문지식을 활용하여 사업 활동을 하는 창업
업종예시	• 바이오, 첨단소재, AI, 양자, 빅데이터 등	• 음식점, 제과점, 생선가게, 완구점 등	• 통신판매업(인터넷 쇼핑몰 등), 구매대행, 출장 청소, 출장 세차, 자판기 등	• 변호사, 노무사, 도배사, 타일시공 전문가, 컨설턴트, 크리에이터, 수학학원 등
특징	• 주로 연구원 및 교수 등 R&D 관련 분야에서 종사자가 하는 창업이나, 독창적 아이디어를 가지고 일반인도 창업 가능 • 주로 지식재산권에 의해서 권리를 보호받음	• 주로 오프라인 고객을 대상으로 하는 의, 식, 주 관련 창업 • 최근 오프라인 마케팅 뿐만 아니고 온라인 마케팅도 병행하는 경우가 많음	• 우리나라에서 사업자 수 1위는 바로 통신판매업(온라인 쇼핑몰 등) • 자본 투입을 많이 하지 않아도 바로 시작할 수 있는 창업	• 교육, 컨설팅, 업무대리 등 전문적인 지식을 쌓고 하는 창업 • 회사에 소속될 수도 있고, 회사에서 나와 프리랜서 창업을 하는 경우도 많음
장점	• 정부지원 과제(R&D 과제 및 비R&D 과제 등)들이 다양하여 금액 지원을 받을 수 있음 • 주로 투자가 가장 많이 이루어지는 업종임(상장, M&A 활발) • 성공할 경우 큰 부를 이룸	• 오랜 준비과정 없이 누구나 쉽게 창업이 가능함 • 의식주와 관련된 분야이다 보니, 기술변화에 덜 민감	• 소자본으로 창업이 가능 • 투잡이 가능 • 특출난 지식이 없이도 창업이 가능	• 전문지식만 있다면 쉽게 창업이 가능함 • 투입되는 자본이 거의 없어 수익률이 높음 • 사회변화에 덜 민감하며 정년이 없음

| 단점 | • 초기자본이 많이 들어감(사무실, 인력 등)
• 인력채용의 어려움
• 기술개발속도가 빨라 따라가기 어려움
• 기술유출 위험
• 대기업과 경쟁 등 | • 초기 자본(임대공간 등)이 많이 들어가고 고정비용도 세다.
• 체감경기에 민감함
• 경쟁우위에 서는 것이 쉽지 않음 | • 경쟁이 심함(실제 소득이 큰 경우가 많지 않음)
• 마케팅의 어려움
• 공간의 제한과 인프라 부족 | • 마케팅의 어려움
• 전문지식을 획득하는 것이 쉽지 않음
• 최근 경쟁이 심해지고 있음 |

2) 기술창업

기술창업이 어려운 분야라고 생각할 수도 있지만 꼭 그렇지만도 않다.

물론 세상에 없던 물건을 혁신적으로 만들면 그 파급효과도 크고 큰 부를 누릴 수 있겠지만 그러한 경우는 실제로 많지 않다. 기술창업의 대부분이 자신이 사용하고 있는 물건에서 편의성을 개선한다거나, 불편한 점을 없앤다거나, 효능을 10% 정도 개선하는 경우라고 생각하면 된다. 전에 없던 물건을 만든다는 것은 가능성도 희박하고, 자본과 시간도 많이 투입이 되므로 쉽지 않을 것이다.

기술창업에 관심이 있는 예비창업자는 주로 기술 분야 기업, 대학, 연구원에서 근무했던 분들일 것이다. 아무래도 잘 아는 분야가 성공 가능성을 높이기 때문이기도 하고, 기술창업에 성공할 경우 한 번에 큰 성과를 얻을 수 있다는 장점이 있기 때문이다.

가장 큰 부를 이룰 수 있는 분야가 맞지만 이 기술창업은 크게 성공할 가능성과 지속성을 유지하기가 가장 힘든 분야라고도 볼 수 있다. 특히 어떠한 경우에는 세계에서 내로라하는 큰 기업들과도 경쟁을 해야 하는 분야이기도 하며, 가장 많은 준비기간, 투입비용, 노력이 들어가야 하는 분야이기도 하다.

• 정의

기술창업 아이템이란 기존에 있던 물건의 편의성, 효율성을 개선 또는 개량한다거나, 기존에 없던 물건을 새로 만드는 것으로, 대개 지식재산권(특허, 실용신안 등)이나 기술임치제도 등으로 보호가 되는 아이템을 말한다.

• 아이템 종류 및 특징

첨단기술	의료용 물질, 의약품, 전자부품, 컴퓨터/영상, 음향 및 통신장비, 의료/정밀, 광학기기 및 시계, 항공기/우주선 및 부품제조
고기술	화학물질 및 화학제품, 전기장비, 기타 기계 및 장비, 자동차 및 트레일러, 철도 및 기타운송장비
중기술	코크스/연탄 및 석유 정제품, 고무제품 및 플라스틱제품, 비금속광물제품, 1차 금속, 금속가공제품
저기술	식료품, 음료, 담배, 석유제품, 의복/액세서리 및 모피제품, 가죽/가방 및 신발, 목재 및 나무제품, 펄프/종이제품, 인쇄 및 기록 매체 복제업, IT, 통신, 기타제품 제조업

기술창업의 아이템은 일반적으로 R&D(연구개발)라는 과정을 거쳐서, 기존의 제품 또는 서비스를 개선한 것인데, 기술분야 종사자가 아니라도 창업은 가능하지만, 반드시 기업 내에 기술분야 전문가(CTO

등)가 있어야 한다. 간혹 기술분야 전문가 채용 없이 외주를 주는 경우도 있지만 이것은 사후관리도 안되고, 사회변화에 대응이 안되기 때문에 결코 성공할 수 없는 경우이다.

• 창업 준비

기술창업의 준비는 다른 창업의 준비과정에 비해서 훨씬 복잡하고 힘든 과정을 거친다. 그렇기 때문에 창업의 준비 과정이 어렵고, 시간이 많이 소요된다.

첫 번째로, 준비해야 할 것은 바로 이 아이템이 돈이 되는 아이템인지를 정확하게 판단하는 것이다. 일반적으로 연구자들이 창업을 하면서 실수하는 대표적인 케이스가 뛰어난 기술을 가지고 있어서 창업을 하고자 하지만 이 뛰어난 기술이 어떻게 구체적으로 어떻게 아이템에 적용이 되어 돈이 되는지를 꼼꼼하게 판단하지 않는다는 것이다. 여기서 돈이 되는지 안 되는지를 판단하려면 소비자의 Needs가 있는지를 정확하게 조사하는 것이다.

아무리 기술력이 뛰어난 아이템이라도, 실생활에서 잘 쓰이지 않거나, 즐거움을 주거나, 기타 효용을 주지 않는다면 그 기술력은 돈이 될 확률이 없는 것이다. 그렇기 때문에 창업을 하기 전에 이 기술 아이템이 얼마의 비용이 발생하고, 어느 정도의 추가 기술개발이 필요하며, 얼마를 벌어들여서 어느 정도의 순수익을 낼 것인가를 처음부터 끝까지 꼼꼼하게 계산해야 한다.

두 번째로, 기술창업에 앞서 창업의 내·외부 환경을 점검해야 한다. 기술창업은 사업을 시작하자마자 돈을 버는 구조가 아니기 때문에 일정 기간에 돈과 사람, 시간을 쏟아부어야 한다. 한마디로 실패할 경우에는 기회비용이 크게 발생할 수 있다는 것이다. 이러한 기회비용을 줄이기 위해서는 창업을 하기 위한 내·외부 환경을 점검해야 한다. 일단 내부 환경으로는 나의 능력, 자금, 창업팀 등이 있고, 외부 환경으로는 경쟁업체, 주변 인프라 등이 있다. 이와 관련하여 자세한 내용은 뒤에서 자세히 다루도록 하겠다.

세 번째로, 아이템을 누구에게 팔 수 있는지, 누구와 경쟁을 해야 하는지, 마케팅은 또 어떻게 해야 할지를 명확하게 해야 한다. 기술창업 아이템을 불특정 다수에게 팔 수도 있지만, 특정 다수에게 팔 수도 있는 것으로 그 마케팅 방법도 완전 다르기 때문에 창업 준비 과정에서 이를 명확하게 하여야 하는 것이다. 또한 경쟁자가 누구인지 반드시 미리 조사하여야 한다. 경쟁자가 국내·외의 대기업이라면 이 대기업을 능가할 수 있는 아이템의 차별성이 없이는 경쟁이 불가함은 당연하다.

그리고 마지막으로, EXIT 전략이 필요하다. 다른 창업 아이템들과는 달리 기술창업의 아이템은 수명이 정해져 있는 경우가 많다. 기술창업의 아이템은 시대의 발전과 사회변화 등의 변화에 민감하기 때문에 지속적으로 아이템을 개선시키거나 일정 시점에 M&A, 상장 등의 EXIT 전략도 필요하다. 혹자는 EXIT 전략이 기업가정신에 반한다고 하지만, 창업자 입장에서 보았을 때, EXIT 전략은 힘든 창업 과정을 끝까지 이끌어 가는 원동력임을 명심하자.

• 소요비용

기술창업 아이템에서 큰 비중을 차지하는 비용 항목에는 인건비, 연구개발비용, 재료비, 마케팅 비용 등이 있다. 물론 아이템마다 그 비중은 다를 수 있지만, 기술창업 아이템은 지속적인 상품 또는 서비스 개선을 위해서 꾸준하게 많은 돈이 들어간다는 것은 부정할 수 없는 사실이다. 기술창업 아이템을 정했다면 이처럼 들어가는 비용을 구체적으로 타임테이블로 정리하여야 하고, 비용을 줄일 수 있는 방안도 고민하여야 한다.

• 자금조달

자금조달의 원천은 크게 자기자본(내가 소유한 돈)과 타인자본, 정부 지원으로 나눌 수 있다.

자기자본은 내가 처음에 창업을 할 때 투입하는 비용을 말하는데, 주로 자본금에 투입된다.

타인자본은 투자(엔젤, 엑셀러레이터, 벤처캐피탈, 대기업펀드, 사모펀드) 및 융자 자금을 말하는데, 기술창업 아이템은 자기자본보다도 타인자본을 잘 유치하는 것이 상당히 중요하다. 돈이 많아서 타인의 도움을 받지 않고 사업하는 경우가 물론 더 좋기는 하지만 실제로 그런 경우가 얼마나 되겠는가?

기술창업 아이템으로 사업하기를 마음먹었다면 창업 전주기 동안 타인자본을 어떻게 활용할지 반드시 고민해야 하는 부분이다. 여기서 또 한 가지 고려할 것은 투자를 너무 많이 받아서 대표자 지분이 충분히 확보되지 않는다면 사업의 의욕이 꺾일 수도 있는 것이기 때문에 사업을 안정적으로 운영하면서도 대표자의 지분을 충분히 확보할 수 있는 전략도 가지고 가야 하는 것이다. 그리고 투자를 받지 못하는 상황에서 기술보증기금, 신용보증기금, 금융권의 융자 서비스도 고려해 보기를 바란다. 융자에는 이자 비용이 들어가지만, 지분은 그만큼 확보할 수 있다는 장점이 있다.

마지막으로 자금조달 방법에서 매우 중요한 정부지원금이 있다.

기술창업 아이템으로 사업을 한다면 이 정부지원금은 필수라고 강조하고 싶다. 2025년 발표한 창업기업실태조사에서 창업기업의 평균 영업 이익률은 5.8%이다. 한마디로 5억 8천만 원의 영업이익을 내고자 한다면 100억 원어치의 물건을 팔아야 한다는 말이다.

100억 원의 매출액을 내는 것이 쉽겠는가? 하지만 딥테크 팁스의 최대 R&D 지원금은 최대 12억 원으로 이는 사실상 영업이익이라도 봐도 되기 때문에, 위 평균 영업이익률 5.8%를 대입하면 206억 원의 매출액 효과가 있는 것이다. 물론 흑백논리로 적용할 수 있는 것은 아니지만 기술창업 기업에게 정부지원금을 받지 못하면 사실상 성공확률이 점점 더 희박해지는 것으로 볼 수도 있다. 그러므로 기술창업 아이템을 한다면 반드시 정부지원금을 어떻게 활용할지도 고민해보자.

※ 정부지원금을 받기 위한 필수요소 : 대표자 기술개발 역량, R&D 경험 및 참여인력, R&D 트렌드, 지식재산권 확보, R&D의 구체성 및 사업성, 사업계획서의 적절성, 사회적 파급력 등

• 장점

우선 다른 아이템 종류에 비해서 정부과제, 투자자금을 받을 확률이 높다. 정부에서 지원하는 과제들은 대부분 기술창업 아이템을 대상으로 하고, 투자도 기술창업 아이템이 투자받기에 유리한 것이 사실이다. 조금 다른 이야기일 수도 있지만 기름 한 방울 안 나는 우리나라에서 이만큼 성공을 한 것은 기술에 아낌없는 지원 덕분이었고, 앞으로도 이 기술에 대한 투자는 계속되어야 한다고 생각한다.

상장 또는 M&A와 같은 대형 성공사례는 거의 모두 기술창업 아이템으로 창출된다. 큰 부를 이룰 수 있는 방법은 많지만 기술창업도 그 방법의 하나라고 생각하면 된다.

• 단점

한마디로 돈이 많이 든다. 기술개발을 하고자 한다면 비싼 인건비를 주고, 우수한 R&D 인력을 채용해야 하고, 필요하면 설비도 갖추어야 하는 등 지속적으로 많은 돈이 든다고 생각하면 된다. 따라서 기술창업은 전혀 모르는 보다는 어느 정도 공부를 하고 창업하는 경우가 많다. 또한 인력 채용이 쉽지 않고, 처음에는 사업 규모도 크지 않다 보니 인력을 잘못 채용하였을 경우 사업 자체도 흔들릴 수 있다. 기술창업 아이템을 하는 창업자는 모두 돈과 사람에 시달리게 되어있다.

그리고 기술개발속도가 빠른 경우가 대부분이고, 기술유출의 위험도 항상 있다. 심지어 대기업과도 경쟁을 해야 하는 경우도 허다해서 사전에 철저한 준비를 필요로 한다.

• 예상 소득

기술창업 아이템으로 예상 소득을 예측하는 것은 쉽지 않지만 반드시 현금흐름을 예측해야 한다.

기술창업 아이템에서 소득을 예측하는 통상적인 방법은 TAM-SAM-SOM이다.

TAM(전체시장)은 우리 제품/서비스와 카테고리 영역이 포함하는 전체 시장규모이다.

SAM(유효시장)은 우리 제품/서비스로 100% 점유할 경우의 시장규모이다.

SOM(수익시장)은 위 SAM(유효시장)에서 초기에 장악이 가능한 시장규모이다.

위의 기법을 이용해서 소득을 예측해야 하는데, 중요한 것은 객관적으로 입증할 수 있는 근거를 함께 제시하여야 한다는 것이다.

• 성공을 위한 필수요소

기술창업의 성공사례는 다양하지만, IPO나 대기업 M&A에 성공하는 대표들을 보면 패턴이 있다.

첫 번째, 필수요소 기술검증이다. 여기서 기술검증은 기술의 우수성과, 시장성이라고 생각하면 된다. 내가 가진 기술이 세계 최초로 개발한 것이고, 누구나 다 인정하는 기술이라면 그 성공 가능성이 높다고 하겠지만 쉽게 모방이 가능하고, 지식재산권 확보도 쉽지 않은 기술이라면 그 성공 가능성은 떨어진다 하겠다. 그리고 기술이 우수하다고 해서 다 시장에서 환호하는 것은 아니다. 즉, 시장이 원하는 기술이 있다는 이야기이다.

둘째로, 시장규모가 큰 기술일수록 성공 가능성이 높다. 제약, 바이오 분야의 기술창업을 예로 들자면 희소병 치료제가 많이 팔리겠는가, 감기약이 많이 팔리겠는가? 기술이 아무리 뛰어나다고 해도 타깃 시장 규모가 작다면 성장에 한계가 있을 것이다. 기술창업을 꿈꾼다면 반드시 타깃 시장의 규모가 어느 정도인지 따져보고, 시장 규모가 작다면 과감하게 아이템을 변경해야 한다.

셋째로, 핵심인력을 확보하여야 한다. 앞에서도 기술하였지만 기술창업은 준비시간도 길고, 돈도 많이 드는 과정이다. 이 과정에서 처음에는 대표가 모든 상황을 감당해야겠지만 시간이 지나고 회사가 성장할 수록 혼자 감당이 안된다. 그렇기 때문에 반드시 기업 내에 내 편이자 핵심인력을 확보하여야 한다. 창업팀 구성에 대한 이야기는 뒤에 자세히 이야기하도록 하겠다.

이외에도 기술창업의 성공을 위한 필수요소는 BM 구축, 자본확보 전략, 마케팅 전략 등 다양하지만, 기술과 사람만 좋다면 나머지는 알아서 따라온다고 생각하자.

3) 매장형 창업

• 정의

　여기에서 매장형 창업은 반드시 공간이 있어야 가능한 사업들을 말한다. 즉 일정한 공간 안에서 소비자에게 물건을 파는 형태를 말하는데, 같은 음식점이라도 배달전문점은 소비자에게 공간 편의성을 제공하지는 않기 때문에 매장형 창업이 아니다. 매장형 창업의 종류를 다시 한번 구분하자면 프랜차이즈 매장 창업과 개인 매장 창업이 있다. 프랜차이즈 창업은 롯데리아, 메가커피 등이 있고, 개인 매장 창업은 우리가 길에서 흔히 보는 개인 음식점 또는 문방구와 같은 형태를 말한다.

• 아이템 종류

　국세청 통계포털 기준 매장형 창업의 순위는 아래와 같다.

　사업자수 Top 20 업종 중 매장형 창업(2024.11.말 기준)은 아래와 같다.

순위	업종	사업자 수	전년 동월대비
1	한식음식점	413,020	0.3%
2	부동산중개업	143,170	−2.2%
3	미용실	115,444	2.0%
4	커피음료점	96,404	−0.2%
5	실내장식가게	86,310	5.1%
6	옷가게	84,301	−2.7%
7	피부관리업	67,626	8.6%
8	편의점	53,288	−0.3%
9	분식점	52,144	−3.6%

10	패스트푸드점	48,182	−0.4%
11	식료품가게	47,110	−2.2%
12	화장품가게	38,089	−2.7%
13	기타외국식음식점	31,203	−0.4%
14	펜션·게스트하우스	31,157	11.6%

위 아이템의 종류에는 특징이 있다. 바로 의식주와 관련된 창업이 대부분이라는 것이다. 의식주와 관련된 창업은 사람이 살아가는데 필수 불가결한 부분이라 수요가 꾸준히 있어서 위와 같은 데이터가 나온 것이다. 최근 실내장식가게, 피부관리업, 펜션·게스트하우스 매장 창업의 증가세가 눈에 띈다.

• 창업 준비

매장형 창업의 준비는 프랜차이즈 매장 창업이냐, 개인 매장 창업이냐에 따라서 그 준비가 달라진다. 프랜차이즈 매장의 창업은 본사의 도움이 있기 때문에 창업하기가 비교적 쉽고, 매출도 안정적인 편이나 초기 창업비용이 많이 든다는 단점이 있다. 개인 매장 창업은 초기 창업비용이 적게 든다는 장점이 있는 편이나, 창업자 본인이 아이디어부터 해서 모든 것을 직접 준비해야 하며 매출도 보장이 되는 편은 아니다.

구분	프랜차이즈 창업	개인 매장 창업
인지도	높음	낮음
편의성	높음	낮음
창업비용	높음	낮음
장점	초보자도 손쉽게 매장 운영이 가능함, 인지도가 높고, 비교적 매출이 안정적임	개인 창업자의 주관으로 운영이 가능하여 외부의 간섭을 받지 않고, 창업비용이 적음

단점	브랜드 인지도에 따라서 창업비용이 많이 듦, 본사의 영향을 많이 받음 (ex. 빅뱅 승리가 운영하던 라면집 case)	매출에 대한 예측이 힘듦, 재료 수급이 힘듦

이와 같이 프랜차이즈 매장 창업과 개인 매장 창업은 큰 차이점이 있다.

프랜차이즈 매장 창업은 상권분석부터 매장운영까지 본사에서 관리해주는 곳이 많기 때문에 개인 매장 창업 준비에 대하여 알아보자.

첫 번째로, 창업 아이템 정하기이다. 음식점을 하느냐, 옷가게를 하느냐에 따라서 드는 창업 비용도 달라지고, 매출액도 천차만별이다. 그렇기 때문에 창업 아이템을 정할 때에는 체크리스트를 만들어서 꼼꼼하게 체크한 후, 창업 아이템을 정하여야 한다.

다음 체크리스트를 참고하자.

구분	상세 내용
아이템명	도심 상권 소형 프리미엄 커피 전문점
창업비용	① 임대료 : 보증금 3,000만~5,000만원, 월세 150만~300만원 ② 인테리어 비용 : 3.3㎡당 200만~300만원, 총 3,000만~5,000만원 ③ 집기·설비 : 약 2,000만~3,000만원 ④ 초기 운영비 : 약 500만~1,000만원 ⑤ 인건비 : 월 250만~400만원 ⑥ 라이선스 비용(해당 시) : 1,000만~3,000만원
근무시간 / 운영시간	• 주 6일 운영 기준 • 평일 07:30~21:00 / 주말 09:00~22:00 • 및 상권 특성에 따라 변동 가능
매출 예상	• 업계 평균 월매출 : 3,000만~5,000만원 • 객단가 : 5,000~7,000원 • 일 평균 방문객 : 120~200명 • 월 예상 매출 : 약 3,500만원

현직자 인터뷰 요약	• 초기 6개월은 매출 변동이 큼 • 단골 확보 이후 안정화 • 인건비 관리가 수익성의 핵심
장점	• 진입장벽이 낮음 • 소자본 창업 가능 • 안정적 현금흐름 기대
단점	• 경쟁 심화 • 인건비·원가 상승 부담 • 대표자 장시간 근무 가능성
기타 고려 사항	• 상권 분석 필수 • 테이크아웃·배달 전략 필요 • 프랜차이즈 vs 개인 창업 비교 검토

생각하고 있는 아이템별로 체크리스트를 우선 작성해보자. 이 체크리스트는 예시이므로 최대한 꼼꼼하게 정확한 근거(데이터)를 가지고 작성해보자. 개인 매장 창업은 프랜차이즈 창업에 비해서 비용은 적게 들지만, 대표인 내가 모든 것을 꼼꼼히 따지지 않으면 실패가 뒤따른다는 사실을 반드시 명심하여야 한다. 또한 인맥을 이용해서 반드시 현직자의 반응을 잘 살펴보아야 한다.

두 번째로, 창업 아이템이 정해졌으면 매장을 오픈할 장소를 정하여야 한다. 아시다시피 같은 가게라도 매장 창업은 어디에서 운영하느냐에 따라서 매출액이 천차만별이다. 일반적으로 매장 위치를 선택할 때에는 인구통계(연령, 소득, 교육수준, 생활방식, 선호도, 유동인구 등), 경쟁상황(유사업종), 접근성, 편의성, 인근의 혐오 시설 유무, 구매력, 임대료, 공과금, 세금 및 유지 관리비용 등이 있다. 장소를 정했다면 이제 임대인의 성향을 파악해야 한다. 임대인이 욕심이 많고, 비협조적이라면 그 장소는 피해야 한다. 실제로 초기에는 매장이 자리를 잡는 시간이 필요한데, 일정 시간이 지나서 장사가 잘되다가 갑자기 임대인이 나가라는 상황도 반드시 염두에 두어야 한다. 임대인을 직접 만나서 반드시 성향을 파악하도록 하자.

세 번째로, 매장 운영에 필요한 인적, 물적 요소 준비이다. 이제 본격적으로 매장을 운영할 장소까지 정했다면 매장 운영하기 위해 필요한 인테리어, 고용, 물품(아이템에 따라 다르지만 음식점을 기준으로 주방용품 등이 있다)구매, 홍보·마케팅 준비를 하여야 한다. 만약 어떻게 준비해야 하는지 감이 잘 안 잡힌다면, 이러한 준비를 위해 반드시 같은 업종 중 잘 운영되는 곳은 벤치마킹하고, 잘 운영이 안되는 곳의 방식을 피해야 한다. 모방은 창조의 어머니 이듯이 첩보력을 발휘하여 여러 매장을 가보고 배우자.

• 소요비용

첫째로, 프랜차이즈 매장 소요비용 항목이다.

가맹비, 물류 보증금 / 로열티, 인테리어 비용, 운영 물품, 인쇄홍보물, 포스비용, 도면감리, 기타 비용 등으로 나뉘는데, 여기에서 사업자등록 및 법인설립 비용, 임대료, 인건비, 각종 제세공과금은 별도로 드는 비용들이다.

품목	내용	비고
가맹비	상표권, 브랜드 사용권, 가맹점 영업권, 점포, 조리, 배달, 운영교육	

물류보증금/ 로열티	식자재 계약 이행 보증금, 연로열티 광고분담비, 제가맹비	무(無)
인테리어	목공, 주방, 조명, 타일, 전기, 방수, 바닥, 하수도, 닥트, 순간온수기(내부 인테리어 일체)	자율시공(협의)
테이블, 의자	실명수기준 도면확정 수량(조)확정	자율시공(협의)
간판	전면간판(4m×1.2m), 갈바륨,, 채널, 포인트간판, 썬팅, 액자, 사인몰, 스카시 일체, 메뉴판	자율시공(협의)
주방설비 및 집기	냉동, 냉장고, 찬냉장고, 싱크대, 조리대, 간텍기 주방설 비(그릇류 일체, 연쇄 맘죽 지정사양)	자율시공(협의)
인쇄홍보물	전단지, 명함, 메뉴판, 앞치마, 유니폼, 자석스티커, 오픈식식 이 벤트, 포장용기일체 오픈점 홍보티켓 솔루션(블로그, 유투브)	
포스	모니터, 포스본체, 비상단말기 본사 ASP프로그램	임대 월 3만 원(36개월)

- 별도사항
- 인테리어 리뉴얼 업종변경, 도면감리(서울, 경기 120만 원, 그 외 지역 200만 원))
- 전기승압공사, 가스공사, 철거, 외부닥트, 냉난방기, 정수기, 외부공사, 정화조, 어닝천막, 소방연허가, 식기세척기, 초도물량, 인터넷, 전화기 (추가 공사 비용은 매장 필요에 따라 발생할 수 있음)

※ 출처 : 본초맘죽 홈페이지 http://www.gbbfood.kr/xe/m33

두 번째로, 개인매장 소요비용 항목이다. 사업자 등록 및 법인설립 비용, 임대료, 인테리어 비, 운영 물품, 인건비, 마케팅, 운영 초기비용 등이다. 기타로 업종마다 필요한 비용들이 상이하므로 업종별로 어떠한 비용이 드는지 꼼꼼하게 체크하여야 한다.

• 자금조달

매장형 창업은 기술창업과 달리 투자자금으로 자금조달을 하는 경우가 거의 없다. 즉, 자금조달원이 자기자본이라는 이야기이다. 위에서 창업비용의 산출이 구체적으로 나왔다면 이 비용을 어떻게 조달할지 전략을 짜야 한다. 물론 돈이 많아서 모든 비용을 조달 가능하다면 좋겠지만 만약 그렇지 않다면 정부지원제도를 활용하여야 한다. 네이버에서는 네이버페이 마이비즈 홈페이지 운영을 통해서 정부에서 운영하는 모든 정책지원금 정보를 제공한다.

네이버페이 마이비즈 : https://mybiz.pay.naver.com/subvention/search

2025. 2. 22. 기준, 총 2,816건의 정책지원금이 있음을 확인할 수 있다.

이 중에 나에게 맞는 정책자금을 선택해서 지원을 받자. 여기서 유의할 점은 대부분의 정책지원금이 대출이므로, 금리를 꼼꼼히 따져보아야 한다.

• 장점

① 고객을 끌어들이고 지속적인 거래 관계가 유지가 가능하다. 일반적으로 잘 운영이 되는 매장형 창업의 경우는 많은 단골을 가지고 있다.

② 사업기반을 구축하는데 기간이 짧게 든다. 매장을 오픈한 이후에는 크게 준비할 것이 많이 줄어든다는 장점이 있는 것이다.

③ 무점포 창업보다 창업 아이템이 다양하다. 무점포 창업은 창업 아이템이 매우 한정적이지만, 매장 창업은 아이템이 상당히 다양한 것을 위 아이템 종류를 보면 알 수 있다.

④ 점주의 매장 운영역량에 따라 창업 성공이 빠르다. 매장을 가지고 있다는 것은 고객을 유치하기가 더 수월한 부분이 있어서 콘셉트를 잘 잡는다면 창업 성공이 빠르다.

⑤ 투자 대비 좋은 입지 선택 시 지속적인 성장이 가능하다. 좋은 입지를 선정하게 된다면 그로 인한 이점도 다양하게 발생할 수 있는 것이다.

⑥ 신뢰성과 홍보효과를 누릴 수 있다. 매장형 창업의 장점은 매장을 운영함으로써 얻는 홍보효과와 신뢰성 확보이다. 매장을 운영한다는 것 자체가 상표를 바깥에 내거는 것이기 때문에, 그 자체로써 홍보효과를 누릴 수 있다. 또한 매장을 운영한다는 것은 그만큼 소비자로 하여금 신뢰성을 갖도록 할 수 있다. 소비자 입장에서 온라인 판매는 실제로 물품을 보지 못하고 사는 것이기 때문에 그만큼 신뢰성이 떨어지는 반면, 오프라인 매장을 운영함으로써 이러한 단점 극복이 가능하다.

• 단점

① 점포의 구입 및 임차비용 등 초기투자비용이 많이 든다. 초기투자비용을 꼼꼼히 추산한 뒤, 고객 유인을 극대화하되, 쓸모없는 비용은 반드시 줄여야 한다.

② 사업실패에 따른 위험부담이 크다. 초기투자비용이 많이 들기 때문에 폐점하였을 경우 이 비용 모두 순손실이 될 수 있다.

③ 단골 고객 형성을 위한 마케팅 비용이 많이 든다. 사람들에게 입소문이 나기 전까지는 마케팅 비용이 적지 않게 소요된다.

④ 진입장벽이 낮고 고정비가 많이 든다. 나의 아이템이 잘 된다면 분명 이와 유사한 형태의 매장형 창업이 늘어난다. 또한 매장 운영에 비용이 지속적으로 적지 않게 발생한다.

⑤ 지나치게 근로시간이 길거나 노동집약적인 사업이 많다. 매장 오픈 시간이 아침 9시~저녁 9시 까지라고 한다면 오픈시간 전후로 준비 및 마감 시간도 소요된다. 또한 무인 매장이 아닌 이상 매장운영 인력이 반드시 1명 이상 필요하다.

• 예상 소득

아이템에 따라 예상 소득이 매우 상이하지만 그럼에도 불구하고 소득을 예측해야 실패 가능성을 줄일 수 있다.

예상소득을 추산하기 위해서 국세통계포털을 확인하자

국세통계포털(https://tasis.nts.go.kr/) 메인에서 테마통계 →통계로 보는 생활 업종으로 보면 된다.

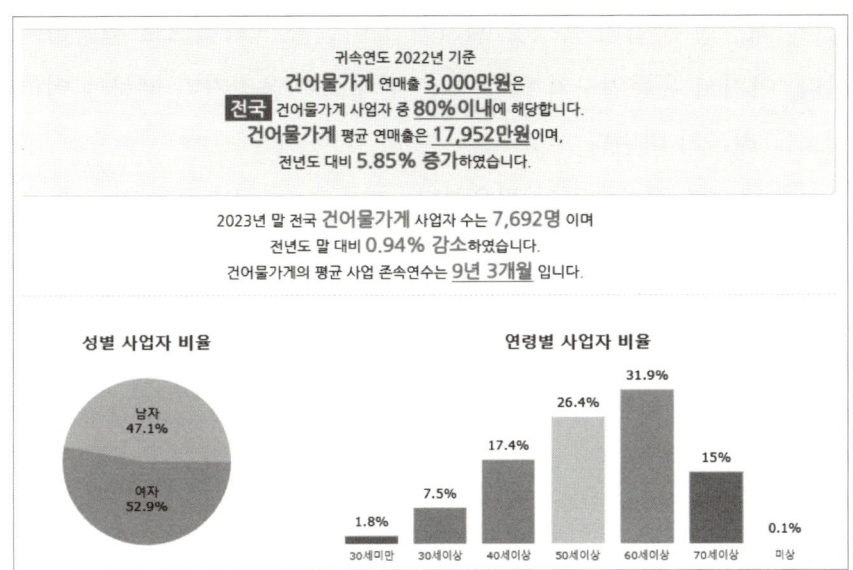

귀속연도 2022년 기준
건어물가게 연매출 3,000만원은
전국 건어물가게 사업자 중 80% 이내에 해당합니다.
건어물가게 평균 연매출은 17,952만원이며,
전년도 대비 5.85% 증가하였습니다.

2023년 말 전국 건어물가게 사업자 수는 7,692명 이며
전년도 말 대비 0.94% 감소하였습니다.
건어물가게의 평균 사업 존속연수는 9년 3개월 입니다.

성별 사업자 비율

남자
47.1%

여자
52.9%

연령별 사업자 비율

31.9%
26.4%
17.4%
15%
7.5%
1.8%
0.1%

30세미만 30세이상 40세이상 50세이상 60세이상 70세이상 미상

위와 같이 소득액을 입력하면 해당 데이터가 산출된다. 이를 참고해서 예상 소득을 추산해보도록 하자. 각 지역별 데이터도 있으므로 활용하면 된다.

• 성공을 위한 필수요소

매장형 창업은 정말 아이템이 다양하고, 프랜차이즈 창업의 경우 꼭 잘된다는 보장도 없다. 하지만 모든 창업이 그렇듯 성공을 위한 필수 요소는 있다. 매장형 창업을 마음먹었다면 다음 내용을 참고하기 바란다.

① 잘 알고 있는 분야이어야 한다. 가장 좋은 것은 그 분야에 종사했던 경험이다. 그 분야에서 경험이 있다면 초기비용, 예상 매출, 유의할 점 등 다양한 정보를 이미 가지고 시작하는 것이기 때문에 성공에 유리하다.

② 위치 선정이 중요하다. 위치 선정은 아무리 강조해도 지나침이

없다. 매장형 창업의 특성상 위치적인 이점을 적극적으로 활용하여야 한다. 여기서 유동인구가 많은 곳은 임대료가 올라가기 때문에 이러한 점도 고려하기 바란다.

③ 충분한 정보수집이 필요하다. 예를 들어 국밥집을 한다면 최소한 100군데 이상 국밥집을 찾아가야 하는 것은 당연하다. 충분한 정보만이 시행착오를 줄이고, 빠르게 성공할 수 있는 지름길인 것이다.

④ 사람이 중요하다. 요즘은 고객 후기를 사람들이 실시간으로 달기 때문에, 인심을 잃는다면 다시 회복하기 매우 어렵다. 또한 사장님이 아무리 친절하다고 해도, 직원이 친절하지 않으면 매장이 잘 운영될 수가 없다. 창업을 하면 사장님들이 직원들 때문에 멘탈이 나가는 경우가 상당히 많기 때문에 직원 교육을 철저히 하고, 팀워크도 중요시하여야 한다.

⑤ 마케팅이 중요하다. 아무리 좋은 상품을 제공하더라도 마케팅을 하지 않는다면 알릴 방법이 없다. 적극적으로 우리 매장을 사람들에게 알리자.

4) 무점포 창업

• 정의

무점포 창업은 전통적인 오프라인 매장 없이 제품이나 서비스를 판매하는 사업 형태이다. 주로 온라인 쇼핑몰, SNS 마켓, 프리랜서 서비스, 배달 전문 음식점, 디지털 콘텐츠 제작 등인데, 무점포 창업은 고정비 부담이 적고, 장소의 제약에서 자유로운 특징이 있다.

매장형 창업과 가장 큰 차이점은 고객에게 서비스를 제공하는 장소가 매장인가 아니면 온라인상인가라 생각하면 된다. 요즘 그 경계가 모호해지고 있기는 하지만, 무점포 창업은 일정한 장소에서 고객에게 직접 서비스를 제공하는 형태가 아니고, 언제 어디서든 장소에 구애받지 않고 서비스를 제공하는 형태라고 생각하면 된다. 다만, 무점포 창업이라 할지라도 사업의 규모가 커지면 사무실을 운영하기도 한다. 또한 투잡이 가능한 창업의 유형이라고 볼 수 있다.

무점포 창업도 큰 틀에서 두 가지로 형태로 나누어 볼 수 있는데, 첫 번째는 온라인 유통 및 대행으로 서비스(통신판매업)를 제공하는 형태이고, 두 번째는 전문지식서비스를 제공하는 형태이다. 위 두 가지 형태에 따라서 창업 준비 과정이 전혀 다르다.

① 첫 번째 통신판매업은 우선 우리나라에서 사업자수로 보면 1위의 창업 유형이다. 게다가 그 수가 아직도 증가하고 있다.

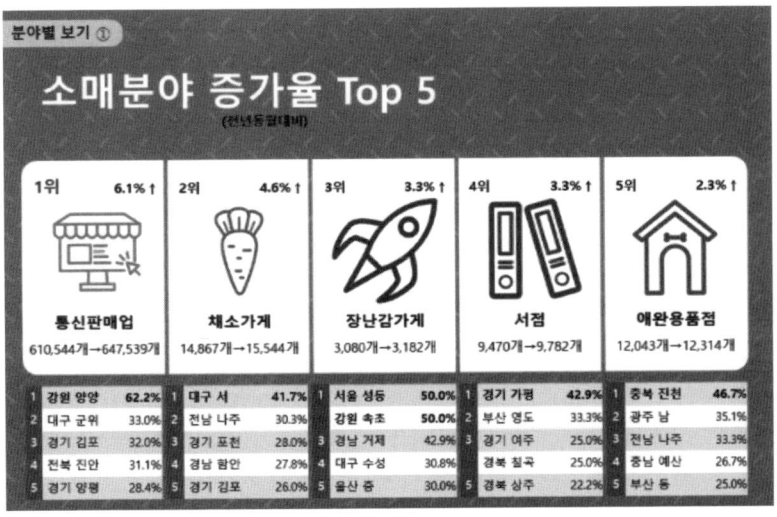

분야별 보기 ①				

소매분야 증가율 Top 5
(전년동월대비)

1위 6.1%↑	2위 4.6%↑	3위 3.3%↑	4위 3.3%↑	5위 2.3%↑
통신판매업 610,544개→647,539개	**채소가게** 14,867개→15,544개	**장난감가게** 3,080개→3,182개	**서점** 9,470개→9,782개	**애완용품점** 12,043개→12,314개
1 강원 양양 62.2%	1 대구 서 41.7%	1 서울 성동 50.0%	1 경기 가평 42.9%	1 충북 진천 46.7%
2 대구 군위 33.0%	2 전남 나주 30.3%	2 강원 속초 50.0%	2 부산 영도 33.3%	2 광주 남 35.1%
3 경기 김포 32.0%	3 경기 포천 28.0%	3 경남 거제 42.9%	3 경기 여주 25.0%	3 전남 나주 33.3%
4 전북 진안 31.1%	4 경남 함안 27.8%	4 대구 수성 30.8%	4 경북 칠곡 25.0%	4 충남 예산 26.7%
5 경기 양평 28.4%	5 경기 김포 26.0%	5 울산 중 30.0%	5 경북 상주 22.2%	5 부산 동 25.0%

※출처 : 국세통계포털 테마통계(https://tasis.nts.go.kr/websquare/websquare.html?w2xPath=/cm/index.xml)

통신판매업은 2024년 11월 말 기준 소매분야 증가율도 1위이고, 사업자 수는 총 647,539개로 전체 창업 업종 중 1위이고, 국내 사업자 (10,220,738개) 중 6.3%의 비중을 차지하고 있다. 이렇게 사업자 수가 많은 이유는 투잡도 가능한 형태이며, 소자본으로 창업이 가능하기 때문인데 창업 준비 과정도 비교적 쉬운 형태이다.

또한 통신판매업은 재고를 창업자가 직접 관리하는 형태가 있으며, 도매사업자가 재고를 별도 관리 유통하면서 창업자는 마케팅만을 해서 홍보만 하여 고객과 도매사업자를 연결시켜 주는 구매대행 형태가 있다. 창업자가 직접 재고를 관리하는 형태는 수익이 조금 더 발생하나 재고관리, 유통에 골치를 썩일 수 있고, 단순 구매대행 창업은 재고가 없는 반면 수익이 줄어든다.

② 두 번째 유형인 전문지식서비스를 제공이 있다. 이는 디자인, 번역, IT 개발, 전자책 출판, 온라인 강의 제작 등 전문적인 지식 기반 서비스를 제공하고, 수익을 얻는 창업의 형태인데, 어느 정도의 전문적인 서비스를 제공하느냐에 따라서 수입도 천차만별이다. 만약 창업자 본인이 일정 분야에서 전문적인 서비스 제공 가능하다면 이 형태도 위험부담 없이 사업을 운영할 수 있는 방법이기도 하다. 또한 활동하는 만큼 수익을 올릴 수 있고, 마케팅 비용을 제외하고 별도 제반 비용이 안 들기 때문에 수익률이 가장 높은 창업의 유형이기도 하다. 초기 창업비용에 대한 부담이 있다면 전문지식을 획득해서 수익모델을 창출하는 것도 한 방법이라고 생각하면 되겠다. 특히 최근에는 정부에서 이러한 전문지식을 쌓는 교육을 무상으로 제공하고 있으므로 잘 찾아보고 활용해보도록 하자

• 아이템 종류

① 온라인 쇼핑몰 운영 : 직접 상품을 소싱하거나 자체 제작해 온라인으로 판매하는 형태로, 쇼피파이, 스마트스토어, 쿠팡 등의 플랫폼을 통해 쉽게 창업할 수 있음

② 구매대행 서비스 : 창업자가 재고관리와 유통을 담당하지 않고, 도매사업자와 소비자를 직접 연결시켜 주는 마케팅 지원 서비스임, 투잡의 대표적인 형태 중 하나임

③ SNS 기반 마켓 : 인스타그램, 페이스북, 카카오톡 채널 등을 활용해 제품을 판매하는 형태임, 개인화된 브랜딩과 소통을 통해 고객과의 관계를 강화할 수 있음

④ 프리랜서 서비스 : 디자인, 마케팅, 번역, IT 개발 등 전문 지식을 활용해 서비스를 제공합니다. 크몽, 탈잉, 클래스101 같은 플랫폼이 대표적임

⑤ 디지털 콘텐츠 창작 : 유튜브 채널 운영, 전자책 출판, 온라인 강의 제작 등 디지털 콘텐츠를 제작해 수익을 창출하는 형태임

• 창업 준비

① 통신판매업의 창업 준비는 일단 유통과정과 마케팅 방법에 대해서 공부를 하는 것으로 시작해야 한다. 위에서 언급했듯이 내가 직접 물건을 싸게 떼어와서 고객에게 직접 판매를 하는 유형이 있고, 구매대행처럼 마케팅만을 제공하면서 중계수수료만 챙기는 유형이 있다. 물론 두 가지 형태를 병행하는 것도 좋은 전략이라고 하겠다.

통신판매업에서 가장 중요한 것은 한마디로 가장 싸게 사서 많이 파는 형태인 것인데, 이렇게 하기 위해서는 가장 싸게 물품을 제공하는 곳을 찾는 것이 필요하다. 구매대행 창업에서 가장 유명한 사이트 중 하나는 "도매꾹"이라는 곳이 있다. 이러한 사이트는 사업자전용 상품 카테고리를 운영하면서 사업자에게 저가에 물품을 제공해준다. 하지만 100% 더 싼 것은 아니므로 다른 곳들과도 잘 비교해보아야 한다.

※ 출처 : 도매꾹 홈페이지(https://domeggook.com/main/item/itemEventBusinessMall.php)

이 외에도 도매물품을 취급하는 곳은 다양하다. 위 온라인 사이트 이외에도 동대문 상가, 남대문 상가에도 도매로 물건을 취급하는 곳들이 있으니 창업 준비를 할 때 최대한 싸게 물품을 확보하도록 노력해야 한다.

팔고자 하는 물품을 싸게 확보했다면 이제 마케팅 방법이다. 이 마케팅 방법은 유튜브로 "구매대행"이라고 치면 정말 수많은 방법들이 나온다. 개인적으로 나는 처음에 책을 사서 보는 것보다 유튜브를 잘 공부해서 마케팅 하는 방법이 매우 효율적이라고 생각한다.

　전문지식 서비스업의 창업 준비는 당연한 이야기겠지만 우선 전문 지식을 쌓는 것이다. 만약 내가 창업 이전에 전문지식이 있다면 좋겠 지만 그게 아니고 이제 막 전문지식을 습득한 후, 창업을 하려고 하는 단계라면 반드시 해당 업종의 전망을 살펴볼 필요가 있다. 또한 전문 지식을 습득하려면 무조건 정부지원제도를 활용하자. 서울시의 "청년 취업사관학교" 경기도와 시흥시, 경기과학기술대학교의 "K-시흥 미 래 신산업분야 전문인력양성과정" 등 지자체와 고용노동부에서 다양 한 지원을 받을 수 있으므로 이러한 제도를 활용해서 전문지식을 습득 하자.
　전문지식이 있다면 이제 고객을 만나야 한다. 일반적으로 잘 알고 있는 네이버엑스퍼트, 숨고, 크몽, 탈잉, 클래스101 등 전문지식 서비 스를 제공하는 다양한 루트를 활용해서 고객과의 접점을 만들어가야 한다.

• 소요비용

　무점포 창업의 가장 큰 장점 중의 하나가 바로 초기 창업비용이 적 다는 것이다. 구매대행이나 전문지식서비스 제공하는 형태는 초기 창 업비용이 실질적으로 거의 제로에 가깝다. 그래서 투잡을 많이 하는 형태이기도 하다. 그럼에도 전혀 비용이 들어가지 않는 것은 아니다.

통신판매업의 경우 마케팅 비용이 엄청 많이 들어간다. 대부분의 비용이 마케팅 비용으로 발생한다고 보면 되는데, 네이버 광고, 다음 광고, 유튜브 광고, SNS 마케팅 비용이 대표적이다. 구매대행 현직자의 말을 들어보면 마케팅 비용을 많이 쓰는 만큼 수익은 올라가는 정비례의 관계가 있다고 하니, 마케팅 전략을 잘 세우는 것이 성공의 지름길이라 하겠다. 또한 전문지식서비스를 제공하는 형태도 중계수수료를 내게 되는데, 수수료가 가장 저렴한 곳은 네이버엑스퍼트이다. 네이버엑스퍼트는 중계수수료가 거의 없다고 보면 된다. 많은 수익을 올리고자 한다면 다양한 중계사이트를 활용해서 실적을 올리도록 하자.

• 자금조달

초기 비용이 거의 들지 않기 때문에 사실상 자금조달은 100% 자기자본이라고 생각하면 된다. 가장 큰 비율을 차지하는 마케팅도 사실상 자기자본으로 소요되는데, 이때에도 정부지원제도를 적극 활용하자.

네이버페이 마이비즈에서 "소상공인 마케팅 지원"이라고 치면 다양한 지원제도가 있음을 알 수 있다. 이러한 정부지원제도를 활용하여 수익을 극대화하여야 한다.

현시점에서 활용할 수 있는 대표적인 지원제도는 소상공인시장진흥공단에서 진행하는 "소상공인 온라인판로 지원"사업이 있다. 해당하는지 따져보고 지원을 받도록 하자

• 장점

초기 창업비용이 거의 들지 않고, 사업운영 비용(고정비용) 또한 매장형 창업보다 적게 든다는 장점이 있다. 부담이 적어 투잡, 쓰리잡이 가능한 창업의 한 유형이기도 하다. 폐업을 할 경우에도 매몰 비용이 많이 발생하지 않는다.

또한 시간 할애가 비교적 자유롭다는 장점이 있다. 매장형 창업의 경우 매장을 하루라도 닫게 되면 고정비용이 계속 발생하기 때문에 매장에 거의 묶여있어야 한다. 하지만 무점포 창업은 이러한 공간제약에서 자유롭다.

또한 순수익이 극대화 된다. 직원도 없고, 임대료, 사무집기 등이 필요 없기 때문에 수익률이 높은 장점이 있다.

• 단점

이와 같은 장점에도 불구하고 마케팅, 영업, 주 업무, 고객 응대, 세무회계 등 많은 업무를 스스로 직접 처리해야 한다. 모든 일을 직접 처리해야 하다 보니 생각보다 스트레스가 클 수 있다. 또한 개인마다 차이가 있겠지만 출근과 퇴근이 명확하지 않아, 늘 업무의 연속이라는 느낌을 받을 수밖에 없다. 내가 노력하는 만큼 수익으로 돌아오기 때문에 어떤 때에 따라서는 근무시간이 가장 길수도 있는 것이다.

• 예상 소득

물론 무점포 창업 아이템별, 개개인별로 예상되는 소득은 다양할 수 있지만, 기술창업처럼 대단한 고소득을 기대하기는 힘들다. 물론 인플루언서라서 온라인 쇼핑몰이 아주 잘된다거나, 구매대행으로 순수익을 몇억까지 올리는 사람도 있지만 그 정도 소득을 올리려면 상당히 힘이 많이 든다는 것을 명심하자.

그럼에도 불구하고 우리는 소득을 예측해야 한다. 소득을 예측하지 않고, 막상 사업을 운영해보니, 생각보다 돈이 안 되니깐 접을 수도 있는 것인데, 이러한 시행착오를 줄이기 위해서 반드시 주변에 지인이나, 책, 인터넷 정보 등을 활용해서 일정 시간을 투입했을 경우 어느 정도의 소득을 얻을 것인지 구체적인 데이터를 기반으로 구해내 보자.

• 성공을 위한 필수요소

무점포 창업은 첫 번째도, 두 번째도, 세 번째도 마케팅이라고 보면 된다. 창업자 컨설팅을 진행하다 보면 대부분의 창업자들이 마케팅을 상당히 어려워한다. 카카오와 같은 기업들을 한번 보자, 플랫폼 기업들이 엄청난 비용을 쏟아부으면서 고객을 확보하려고 하는 이유 또한 이 마케팅의 중요성 때문이다.

그래서 무작정 창업을 하기보다는 고객을 어느 정도 확보하고 나서 창업하라고 이야기하고는 한다. 불특정 다수를 대상으로 하는 창업이 있고, 특정 다수를 대상으로 하는 창업이 있다고 한다면 불특정 다수를 대상으로 하는 창업은 네이버, 다음, 구글, SNS 등을 활용하여야 하지만 특정 다수를 대상으로 하는 창업이라면 그 특정 대상을 대상으로만 마케팅을 해야 하기 때문에 이러한 특정 대상이 활동하는 카페나, 유튜브 등을 활용하여야 하는 것이다.

또한, 마케팅 비용이 부담스럽다면 반드시 창업자 스스로가 네이버 블로그, 유튜브, SNS를 활용해서 나만의 채널을 운영하여야 한다. 마케팅 방법에 대해서 물어보는 창업자에게 직접 유튜브를 촬영해서 올리는 방법을 추천한 적이 있는데, 이러한 경우에는 절대 평범하게 마케팅을 진행해서는 안 된다. 마케팅 자체가 어그로이기 때문에, 인재채용 대행서비스를 제공하는 창업자에게 유튜브 직접 제작을 추천하면서 "청와대에 취업하는 방법", "김대호가 SBS로 다시 취업하는 방법" 등 사람들의 흥미를 유발할 수 있는 최대한 자극적이고 불법적이지 않은 방법으로 일단 사람들을 끌어모으라고 한 바 있다. 일단 마케팅 대상 고객만 확보된다면 내가 물건을 파는 것은 엄청 수월해지는 것이기 때문이다.

5) 전문가 창업

• 정의
전문가 창업이란 개인의 전문지식을 활용하여 사업 활동을 영위하는 형태의 창업을 말하는데, 위 무점포 창업의 유형 중에서도 이와 유사한 유형(전문지식서비스 제공)의 창업에 해당할 수 있다. 전문가 창업에는 국가공인자격증(변호사, 회계사 등)을 소유하는 형태가 그 대표적인 예일 것인데, 공인자격증이 없더라도 전문적인 지식만 있다면 가능하다.

• 실제 사업 아이템 예시
① 국가공인자격증 활용 창업 : 변호사, 회계사, 세무사, 기술사, 변리사 등 국가공인자격증을 활용한 창업 형태를 말한다.
② 기타 전문서비스 제공 창업 : 인테리어 전문가, 학원 선생님, 과외선생님, 미장 전문가, 헤드헌터 등 국가공인자격증을 소유하지는 않았지만 일반인이 하기 힘든 일을 대신 처리해주는 전문가 창업 형태를 말한다.

• 창업 준비
창업을 하고자 한다면 일단 전문지식이 있어야 한다. 이후에, 창업에 공간이 필요한지를 판단하고, 공간이 필요하다고 한다면 장소를 정해야 하는데, 이 창업 위치 선정 과정은 위에서 매장형 창업에서 알아보았던 과정과 동일하니, 앞의 내용을 참고하도록 하자.

또한 마케팅 방법이 중요한데 이 전문가 창업 마케팅 방법도 유튜브, 네이버, 전문지식서비스 제공 플랫폼(로톡, 크몽), SNS 등 다양하다. 필자가 추천하는 방법은 전문가 창업은 어느 정도 고객이 특정되어 있기 때문에, 고객을 가지고 있는 플랫폼 또는 카페와 협력하여 비용을 주고서라도 시작하는 것이다. 자리를 잡기 전까지 실적이 필요한 까닭이다.

• 소요비용

전문가 창업 또한 매장을 필요로 하는 경우가 많기 때문에 어느 정도 초기비용과 고정비용이 발생하는데, 전문가 2명 이상이 모여서 사무실을 서로 공유하는 형태로 법인 형태로 창업을 하기도 한다.

일반적으로 전문가 창업의 소요비용은 개인 매장 창업과 유사한 형태가 많다. 즉, 사업자 등록 및 법인설립 비용, 임대료, 인테리어비, 운영 물품, 인건비, 마케팅, 운영 초기비용 등이다. 기타로 업종마다 필요한 비용들이 상이하므로 업종별로 어떠한 비용이 드는지 꼼꼼하게 체크하자.

• 자금조달

전문가 창업 또한 사실상 자금조달은 100% 자기자본이라고 생각하면 된다.

이 전문가 창업에 있어서도 다양한 정부지원제도들이 있으니 적극 활용하자.

앞에서 자세히 설명했듯이 전문가 창업의 자금조달 또한 "네이버 페이 마이비즈"(https://mybiz.pay.naver.com/)를 활용해보자

• 장점

① 쉽게 창업이 가능하다. 창업 준비 과정이 복잡하지 않고, 어느 정도 정해진 시장을 대상으로 하는 사업의 형태이기 때문에 전문지식만 있다면 누구나 쉽게 창업을 할 수 있다.

② 수익률을 극대화할 수 있다. 서비스를 제공할 때에 재료비가 따로 들어가지 않기 때문에 수익률이 매우 높은 형태의 창업이다. 특히 업무의 난도에 따라서 상당히 고소득을 올릴 수도 있다.

③ 영업시간이 비교적 자유롭다. 고객과 일정만 맞춘다면 창업자가 자신의 스케줄에 따라서 영업활동을 할 수 있는 형태의 창업이다.

• 단점

① 전문가 수준의 지식을 확보하는 것이 쉽지 않고, 시간이 오래 걸린다. 창업을 결심하기 전에 전문가 수준의 지식과 노하우가 있다면 모를까, 이제 창업을 준비하면서 전문가 수준의 지식을 쌓고자 한다면 상당히 많은 시간이 소요될 것이다.

② 최근 경쟁이 심화되고 있다. 예전에 고소득을 올리던 전문가들도 최근 전문가가 늘어남에 따라서 경쟁이 심화되고, 소득이 줄어드는 경향을 보인다.

③ 마케팅이 생각보다 쉽지 않다. 아무리 실력이 뛰어난 전문가라도 소

비자가 이를 알지 못한다면 전혀 소용이 없는 것이다.

• 예상 소득

물론 천차만별이지만 무점포 창업의 형태보다 고소득을 올릴 수 있는 분야의 창업이다. 특히 최근에 타일 붙이는 숙련된 전문가의 경우 하루 일당만 해도 30만 원을 훌쩍 넘어가니, 실력만 있다면 억대 이상의 연봉자가 될 수 있는 분야이다. 소득을 정확히 예측하고자 한다면 동종업계의 종사자들을 통하여 이야기를 듣거나, 유튜브, 인터넷 정보 등을 활용하여 예측해보자

• 성공을 위한 필수요소

전문가 창업이다 보니 당연히 실력이 좋아야 하고, 마케팅 능력 또한 좋아야 한다.

일반적으로 경력이 적을 때는 수입이 그만큼 따르지 못할 것이지만 시간이 지나고 실력이 쌓인다면 수입이 그만큼 늘어날 것이다.

또한 마케팅 능력이 좋은 사람이 당연히 돈을 잘 번다. 유튜브, 네이버 블로그, SNS 등 다양한 통로를 통해서 적극적으로 마케팅 하자.

4 창업 아이템 평가 및 선정

　　모든 스타트업은 자신의 창업 아이템의 성공에 대한 확신으로 가득 차 있다. 하지만 대부분의 스타트업들이 성공하지 못하고 실패하는 것이 현실이다. 회사 내부에서만 의견을 수렴할 경우 동지애로 뭉쳐서 지나치게 낙관적으로 시장을 바라보고 열정만으로 사업 의사결정을 한 후 고생하는 경우가 많으니, 창업 아이템을 선정할 때, 아래 각 항목을 기준으로 나눠 평가해 보면 좀 더 객관적으로 사업성을 검토해 볼 수 있다.

1) 외부 역량과 사업성 분석

　　준비하는 창업 아이템이 시장에 잘 먹힐 것인지 검토해야 한다. 시장, 경쟁사, 고객을 고려했을 때 사업성이 있는지 확인하기 위해 아래 5가지 항목에 대해 평가해 보도록 하자.

• 시장규모

사업성 평가에서 가장 중요한 항목은 시장 규모에 관한 자료 조사이다. 시장 규모가 대강 얼마나 되는지 파악할 수 있어야 하고, 시장 규모에 관한 자료 조사를 할 때는 단순하게 뉴스 기사 검색에서 그치지 말고 해당 뉴스에서 인용한 시장 조사 기관이나 믿을만한 통계 조사 기관의 원본 시장 조사 자료를 확인하여야 한다.

국내 시장 규모뿐만 아니라 해외 시장 규모도 파악해야 한다. 최근 투자자들은 투자 기업의 해외 시장 진출 가능성도 확인하며 국내 시장에서 독점적 지위를 확보한다고 하더라도 시장 규모가 충분히 크다고 볼 수 없는 경우도 있기 때문이다. 해외 시장 진출 가능성과 관계없이 충분히 큰 시장이 있다는 것을 투자자들에게 보여줄 수 있어야 하는데 해외 시장 진출에 대한 비전은 국내 시장에서의 성공에도 큰 동기부여가 되기 때문이다.

• 시장 성장성

새롭게 시작되는 영역은 당장 현재의 시장 규모가 충분히 크지 않을 수 있는데, 헬스케어 영역, 증강현실(AR), 자율주행 등과 관련된 시장은 이제 막 펼쳐지기 시작하는 시장이다. 현재의 시장 규모보다 앞으로의 시장 규모가 훨씬 더 크게 성장할 것이고, 블록체인, 인공지능, 5세대 이동통신(5G), 자율주행, 사물인터넷(IoT) 등과 같은 시장은 향후 10년간 몇 배씩 성장할 시장으로 판단된다.

그러나 빠르게 성장한 후 정체기에 접어든 시장이 있다. 충분히 성숙한 상태에서 축소되는 시장을 말한다. 또한 대중들의 본격적인 관심을 받으며 빠르게 성장하는 시장도 있다. 정체기, 쇠퇴기, 성장기 단계 중에서 어떤 단계에 있는지 정확하게 파악해야 하고, 스타트업이 도전하는 아이템은 시장이 빠르게 확대되는 성장기 시장에 도전하는 것이 필요하다.

• 경쟁 상황

시장의 경쟁 상황을 파악하는 것도 중요하다. 규모가 충분히 큰 시장이라면 경쟁이 치열할 가능성이 높다. 시장 성장성이 큰 시장이라면 빠르게 경쟁사들이 늘어날 것이고, 시장 규모가 충분히 크고 빠르게 성장하는 시장에 경쟁사가 없다면 좋겠지만 그런 경우는 없다. 아주 작은 시장이라도 경쟁은 있기 마련이다. 시장 성장성이 큰 초기 시장은 적절한 경쟁사들의 참여가 시장 규모를 빠르게 키우는 경우가 많다는 것을 명심하자.

경쟁이 기업의 성장에 반드시 나쁘거나 불리한 것은 아니다. 적절한 경쟁사들과 함께 시장을 만들고 키워나갈 수 있기 때문이다. 경쟁사의 상품과 서비스를 벤치마킹해 자사의 상품과 서비스를 개선하고 발전시킬 수 있고, 경쟁 상황을 극복하기 위해 새로운 기능과 서비스를 기획하는 자극이 될 수 있다. 시장을 선도하는 상황에서는 경쟁사들을 뿌리치기 위한 전략 수립도 해야 한다.

• 수익성

상품과 서비스의 초기 가격을 잘 설정해야 한다. 가격을 설정할 때는 시장 규모와 성장성, 경쟁 상황을 고려해야 한다. 초기 시장이고 경쟁이 심하지 않다면 고가 전략을 택할 수 있으며 성숙한 시장이고 경쟁사가 많을 경우, 후발 주자라면 낮은 가격 전략을 택할 수밖에 없을 것이다.

낮은 가격 정책이라면 박리다매 형태로 판매를 많이 할 수 있어야 하는데 후발 주자라면 마케팅 비용이 많이 들 수도 있다. 매출은 많은 데 수익은 거의 남지 않는 경우가 생길 수도 있다.

단순하게 매출만으로 수익이 결정되지 않는다. 상품의 경우 생산 후 재고가 많이 쌓이면 재고 관리에 비용도 고려해야 하고 반품이나 환불에 대한 대비도 해야 한다. 앞으로 남고 뒤로 밑지는 사업이 실제로 많은 스타트업에서 발생하고, 자금 관리와 현금 흐름 관리를 잘하지 못한다면 수익성에 대한 판단을 잘 못 할 수도 있다. 꼼꼼하게 현금 흐름을 관리하는 프로세스가 반드시 필요하다.

• 확장성

상품과 서비스가 시장에 출시되면 어떻게 확장할 것인지 기본 계획이 필요하다. 시장과 고객의 반응에 따라 기본 계획과 다르게 흘러가는 경우가 많이 발생하기 때문으로 시장과 고객의 반응에 따라 사업 전략을 수정하는 것은 좋지만 사업 초기에 확장 전략 없이 시장에 뛰어들면 안 된다. 적절한 시장 점유율과 구매 고객을 확보하면 어떤 단계로 사업을 확장하겠다는 기본 계획이 있어야 한다.

작은 규모로 파일럿 프로그램을 실행한 후 사업 현장의 경험과 고객에 대한 피드백을 분석해 시장을 확대하는 전략을 강력히 추천한다. 이는 바로 린스타트업인데, 이러한 전략에 대한 공부가 반드시 필요하다. 상품과 서비스의 기능과 서비스를 확장할 수 있다.

국내 시장에서 해외 시장으로 확장할 수 있다. 핵심 고객을 중심으로 고객군과 고객층을 확장할 수 있고, 다양한 확장 시나리오를 가지고 있어야 시장과 고객의 반응에 유연하게 대처하며 확장할 수 있다.

2) 내부 역량과 실행력 분석

계획한 창업 아이템을 실행할 수 있는 내부 역량이 충분한지도 살펴보아야 하는데, 스타트업 내부 역량과 실행 가능성을 확인하기 위해 아래 5가지 항목에 대해 평가해 보자.

• 비전

신규 사업 아이템이 회사의 비전과 부합하는지 확인이 필요하다. 특히 사업 초기에는 제공하는 상품과 서비스가 특정 시장과 특정 고객군에 집중되는 것이 좋다. 단기적으로 매출과 수익이 된다고 시작한 어정쩡한 사업이 회사의 핵심 역량과 연관이 없다면 시작할 것인지 말 것인지를 잘 검토해야 하고, 향후 사업의 확장성을 고려해 중장기적으로 차근차근 확장할 수 있다는 확신이 없다면 어설프게 시작하지 않는 것이 더 낫다.

스타트업이든 대기업이든 회사 소개에 비전과 미션을 미리 설정하는 이유가 바로 여기에 있는 것이다. 새로운 사업을 추진할 때 그 사업이 기업의 비전과 부합하는지 항상 방향을 잡아주기 때문인데, 크고 원대한 비전과 구체적이고 분명한 미션은 기업이 나아가야 할 방향을 제시하기도 한다.

• 개발

계획하는 상품이나 서비스를 개발할 수 있는 개발능력이 있는지 살펴봐야 한다. 가끔은 시장의 기회로 인해 내부 개발 역량이 부족하거나 없는 사업도 검토하게 되지만, 상품과 서비스의 개발 역량에 대해서는 우선 내부 역량이 있는지 확인하고, 다음으로 외부 역량을 활용할 수 있는지를 검토해야 한다. 모든 상품과 서비스를 내부 역량만으로 개발하겠다는 것은 너무 경직된 의사결정 방식으로 때로는 좋은 협력 관계를 통해 사업의 기회를 잡을 수도 있다.

외부 역량을 활용할 때는 내부에 반드시 프로젝트를 관리할 수 있는 매니지먼트 역량을 확보하고 담당자와 업무를 분명하게 배정해야 한다. 프로젝트 매니지먼트 자체도 외부에 맡길 경우에는 감당하기 힘든 리스크가 생길 수 있으므로 새로운 상품과 서비스를 검토하고 진행을 판단할 수 있는 능력 있는 기획자나 프로젝트 매니저가 내부에 있어야 한다.

• 운영

▲상품이라면 생산, 재고, 유통·물류 관리, 결제, 배송, 반품·환불 처리 등 운영과 관련된 전반적인 업무를 수행할 수 있는지 ▲서비스라면 지속적인 콘텐츠 보강, 고객 응대, 클레임 처리, 버그 개선, 추가 기능 개발 등을 할 수 있는지 ▲운영과 관련해서는 계획 당시 생각지도 못한 문제들이나 요구사항들이 생길 수 있다는 점 등을 염두에 두어야 한다.

운영도 내부에서 처리해야 하는 일들과 외부의 도움을 받을 수 있는 일들로 나눌 수 있는데, 가능하면 모든 업무를 내부에서 처리하는 것이 더 나은 선택이지만 업무 성격에 따라 협력사 또는 전문적인 외부 인력을 활용하는 것도 검토할 수 있다. 단기적인 운영 업무를 위해서 직원을 채용할 수는 없으니 인력 활용에 대해서는 좀 더 신중하게 결정할 필요가 있다.

• 마케팅

수많은 스타트업들이 상품과 서비스를 기획하거나 개발하는 단계에서 마케팅에 대한 계획을 충분히 세우지 않는다. 상품을 생산한 후, 서비스 개발을 마치고 오픈한 후 마케팅에 대해서 고민하는 경우가 많다.

그러나 마케팅은 상품과 서비스 기획 단계에서부터 함께 계획을 세워야 한다. 마케팅 포인트와 핵심 키워드, 캐치프레이즈, 카피 등을 잡아두지 않으면 막상 마케팅을 할 때가 되어서는 우왕좌왕하기 쉽고, 뜻대로 마케팅이 원활히 이루어지지 않는다.

마케팅 계획을 수립하다 보면 마케팅 비용이 갈수록 늘어나게 되는데, 초기에 상품과 서비스의 인지도를 높이기 위한 노출 방법에 마케팅 전략을 집중해야 한다. 마케팅 포인트가 너무 많으면 마케팅 전략이 산으로 가기 때문에 자사의 사회관계망서비스 채널을 적극적으로 활용해야 한다. 홈페이지, 블로그, 페이스북, 인스타그램, 유튜브 등 자사가 직접 운영할 수 있는 마케팅 채널에서 미리 잠재고객을 확보해 두는 것도 필요하다.

• 자금

앞의 네 가지가 모두 준비됐다 하더라도 이 모든 활동을 지원할 수 있는 충분한 자금이 없다면 계획을 실행할 수 없다. 스타트업에서 자금은 항상 부족하므로 회사의 운영 자금과 새로운 상품과 서비스 개발을 위한 투자 자금은 평소에 늘 관심을 가지고 보수적이고 냉정하게 준비하고 있어야 한다.

내부에 가용한 자금이 없는 경우에는 외부로부터 자금을 끌어와야 하는데, 성공 확신이 있는 사업이라면 대출 혹은 투자를 받아서 자금을 확보해야 하며 대출이든 투자든 꼼꼼하게 검토된 자금 소요 계획이 필요하다.

▲아주 보수적인 관점에서의 최소 필요 자금 ▲마케팅을 공격적으로 할 경우를 가정한 경우 최대로 필요한 자금 ▲그 중간 정도의 자금 등 3가지 시나리오의 자금 소요 계획을 세워보자

스타트업은 끊임없이 자사의 상품과 서비스에 대한 자기 검증을 할 필요가 있다. 사업이 안정화되기 전까지 어떤 부분에서 부족하고 약점이 있는지 분석하고 보완해야 하기 때문이다. 외부적으로 사업성을, 내부적으로 실행력을 분석해 좀 더 객관적으로 사업을 살펴볼 수 있다.

      필자가 창업 아이템 선정에서 마지막으로 지식재산권을 넣은 이유는 간단하다. 창업 아이템에 대한 창업자의 권리를 반드시 보호해야 하기 때문이다.

    한때 국내에서 매우 유행했던 "토끼모자"가 있다. 근데 정작 움직이는 토끼모자를 개발한 권용태라는 개발자는 수익을 1원도 얻지 못했다. 그 이유는 바로 특허등록을 하지 않아서이다.

창업자가 제품을 개발하고도 시중에 먼저 내놓게 되면 특허 등록 요건인 "신규성"이 사라지기 때문에 타 경쟁업체에서 제작을 해도 그 권리를 주장할 수 없는 것이다. 한마디로 특허가 권리로 인정받으려면 특허청에 발명등록을 먼저 해야 한다는 이야기이다. 아마 토끼모자 개발자 권용태 씨가 이러한 사실을 알았더라면… 시중에 제품을 내놓기 전에 먼저 특허권을 확보하지 않았을까 하는 아쉬움이 남는다.

이처럼 지식재산권은 창업자가 수익을 지키는 안전장치라고 볼 수 있다.

또 한 가지 사례를 예로 들어본다.

혹시 ㈜직방과 스테이션3(다방)의 상표권 분쟁에 대해서 들어본 적이 있는가?

스테이션3은 막대한 마케팅 비용을 쏟아부으면서 "다방"을 광고하여 인지도를 올리고 있었다. 하지만 ㈜직방은 스테이션3의 상표권이 자신들에게 있음을 주장하면서 견제를 하였고, 급기야 소송까지 가게 된다. 나는 이 사건이 스테이션3(다방)이 "다방"에 대한 상표권 등록을 적절하게 하지 않아서 발생한 일이라고 생각한다.(물론 다른 시각도 있다) 하지만 애초에 스테이션3(다방)이 상표권을 제대로 등록했다면 발생하지 않았을 일이라고 생각한다.

이처럼 창업자를 한순간에 나락으로 가게 할 수 있는 것이 바로 지식재산권이다. 창업자라면 무조건 창업을 하기 전, 반드시 지식재산권에 대해서 정확하게 알고 창업 활동을 하여야 할 것이다.

1) 지식재산권의 정의

'지식재산'이란 "인간의 창조적 활동 또는 경험 등에 의하여 창출되거나 발견된 지식·정보·기술, 사상이나 감정의 표현, 영업이나 물건의 표시, 생물의 품종이나 유전자원(遺傳資源), 그 밖에 무형적인 것으로서 재산적 가치가 실현될 수 있는 것을 말한다."라고 정의하고 있다 (지식재산기본법 제3조 제1호). 또한 '지식재산권'이란 "법령 또는 조약 등에 따라 인정되거나 보호되는 지식재산에 관한 권리를 말한다."라고

규정하고 있다(지식재산기본법 제3조 제3호)

2) 지식재산권의 종류

지식재산권	산업재산권	- 특허권 - 실용신안권 - 디자인권 - 상표권
	저작권	- 저작권 : 저작인격권, 저작재산권 - 저작인접권 - 컴퓨터 프로그램권
	신지식재산권	- 산업저작권 - 첨단산업재산권 - 정보재산권 - 기타

3) 산업재산권

산업재산권은 다시 기술적 창작으로서 고도한 특허(Patent)와 그 다지 고도하지는 않으면서 눈에 보이는 물품에 관한 것으로만 제한되는 실용신안(Utility Model), 물품 디자인(Design), 다른 상품과 식별될 수 있는 기호·문자·도형에 관한 상표(Trademark) 등 네 가지로 나누어진다. 정부 부처 중 특허청 소관인 이들 산업재산권은 서면 및 온라인으로 특허청에 제출해 특허청 심사관의 심사를 통과하여야 등록이 된다. 또 등록이 되어야 타인

이 사용하지 못하게 할 수 있고 법적으로 권리로서 보호를 받게 된다.

구분	특허원부	실용신안등록원부	상표원부	디자인등록원부
정의	자연법칙을 이용한 기술적 사상의 창작으로서 발명 수준이 고도화된 것으로 특허를 등록하는 공적 장부	자연법칙을 이용한 기술적 사상의 창작으로써 물품의 형상·구조·조합에 관한 실용 신안을 등록하는 공적 장부	타인의 상품과 식별하기 위하여 사용되는 기호·문자·도형·입체적 형상·색채·홀로그램·동작 또는 이들을 결합한 것으로 등록하는 공적장부	물품의 형상·모양·색채 또는 이들이 결합한 것으로서 시각을 통하여 미감을 느끼게 하는 디자인 등록하는 공적 장부
존속기간	설정등록일로 부터, 출원일 후 20년까지	설정등록일로부터, 출원일 후 10년까지(구법 적용 분은 15년)	설정등록일로부터 10년(10년 마다 갱신 가능, 반영구적 권리)	설정등록일로부터 20년까지

4) 저작권

저작물은 인간의 사상이나 감정을 표현한 창작물을 말한다. 이러한 저작물에 대하여 저작권법상 보호되는 저작물로는 소설·시·논문·강연·각본·음악·연극·무용·회화·서예·도안·조각·공예·건축물·사진·영상·도형·작곡·영화·춤·그림·지도 등 다양하다. 저작물은 만들었다고 해서 모두 저작권법으로 보호되는 것은 아니며 높은 수준은 아니지만 창작성이 있어야 한다. 또 저작권법은 표현된 것을 보호하는 것이지 그 아이디어 자체를 보호하는 것은 아니며 이러한 점에서 위의 산업재산권과 구분된다. 예를 들어 요리책을 그대로 복사하는 행위는 저작권법에 의해 저작권 침해가 되지만 요리책 속에 쓰인 방식대로 요리를 하는 것은 저작권법과 아무런 관계가 없다.

저작권에는 크게 저작인격권과 저작재산권으로 나누어지고 저작물을 해석하고 전달하는 사람에게 부여되는 저작인접권이 있다.

① 저작인격권 : 저작인격권이란 저작자의 명예와 인격적 이익을 보호하기 위한 권리로서 권리주체와 분리될 수 없는 일신전속권(一身專屬權)의 성질을 가지고 있으며, 저작재산권(著作財産權)과 구별된다. 이 저작인격권은 일신전속적인 권리이므로 양도, 대여, 포기 등이 불가능하다. 또한 저작인격권은 정신적 창조물로서 저작물은 저작자의 인격을 반영하며 인격 밖에 존재하는 재산적 가치보다 한층 더 존귀하게 평가되어야 하는 권리이다. 저작인격권은 크게 공표권(公表權), 성명표시권(姓名表示權), 동일성유지권(同一性維持權), 명예권(名譽權)으로 나눌 수 있다.

② 저작재산권 : 저작재산권은 저작자의 재산적 이익을 보호하고자 하는 권리로서 주로 저작물을 제삼자가 이용하는 것을 허락하고 대가를 받을 수 있는 권리를 말한다. 이 저작재산권의 특성은 경제적인 권리로서 소유권과 같은 배타적인 권리이며 어느 누구도 저작자의 승낙 없이 그 저작물을 이용할 수 없도록 하는 효력을 지닌 권리를 말한다.

저작재산권은 복제권·공연권·공중송신권·전시권·배포권·대여권·2차적저작물작성권으로 나뉜다.

저작재산권의 보호기간은 특별한 규정이 있는 경우를 제외하고는 저작자가 생존하는 동안과 사망 후 70년간 존속한다. 공동저작물의 저작재산권은 맨 마지막으로 사망한 저작자의 사망 후 70년간 존속한다. 무명 또는 널리 알려지지 아니한 이명(異名)

이 표시된 저작물의 경우에는 공표된 때부터 70년간 존속한다. 업무상 저작물이나 영상저작물의 경우에도 공표한 때부터 70년 간 존속한다.

③ 저작인접권 : 저작인접권(Neighbouring right)이란 창작된 표현을 보호하는 저작권은 아니지만, 그에 유사한 역할을 하므로 저작권법에 의해 저작권에 준하여 보호되는 권리를 말한다. 우리나라 저작권법상 실연자의 권리, 음반제작자의 권리, 방송제작자의 권리가 이에 해당한다.

5) 신지식재산권

정보기술이나 첨단기술의 급속한 발달로 기존의 지식재산권인 산업재산권이나 저작권으로는 보호가 어려운 신기술들, 예컨대, 컴퓨터 프로그램, 유전자조작 동식물, 반도체설계, 인터넷, 캐릭터산업 등과 관련된 것을 지식재산권으로 보호해 주는 것을 신지식재산권이라고 한다.

신지식재산권은 크게 세 가지로 분류하고 있다. ① 컴퓨터프로그램, 인공지능, 데이터베이스와 같은 '산업저작권', ② 반도체 집적회로 배치 설계, 생명공학 발명, 식물 신품종과 같은 '첨단산업재산권', ③ 영업비밀, 전자상거래기술과 같은 '정보재산권'으로 분류된다.

이 외에도 만화 영화 등의 주인공을 각종 상품에 이용해 판매할 수 있는 캐릭터, 독특한 색채 및 형태를 지닌 콜라병, 트럭 외관과 같은 독특한 물품의 이미지인 트레이드 드레스(Trade Dress), 프랜차이징

등도 신지식재산권의 일종으로 포함되기도 한다. 세계지적재산권기구(WIPO)를 중심으로 이와 관련한 보호가 논의되고 있다.

6) 기술임치제도

기술자료 임치란 기업의 핵심 기술자료 및 영업비밀을 안전하게 보관하고, 이를 근거로 해당 기업의 기술개발 사실을 입증하는 제도이며, 기술유출 및 분쟁 시 증거물로 활용이 가능하다.

또한 임치된 기술을 활용하여 기술가치평가를 지원(수수료 전액)하여, 사업화 자금 마련(담보대출)과 기술거래가 가능하다.

① 보관장소

대·중소기업·농어업협력재단의 통제시스템으로 관리되는 임치금고에 이중화 보관

② 임치 비용

신규계약은 연 30만 원, 갱신 계약은 연 15만 원이다.

(창업·벤처·혁신형기업 할인 시, 연 신규 20만 원, 갱신 10만 원이다.)

③ 법률근거

「대·중소기업 상생협력 촉진에 관한 법률」에 근거하여 법적추정력을 부여받아 기술개발 및 보유사실을 입증함

④ **진행방법**

임치계약은 온라인(www.kescrow.or.kr) 또는 오프라인(재단 방문)으로 진행 할 수 있으며, 단, 개인사업자 이상일 경우 가능하다.

⑤ **이용대상**

ㄱ. 타 기업의 모방 특허 등을 우려, 특허를 출원하지 않는 기업

ㄴ. 대기업 등 거래기업으로부터 핵심 기술 제공을 요구받고 있는 기업

ㄷ. 영업 단계에서 거래기업에게 해당 기술에 대한 신뢰성을 보장 받고 싶은 기업

⑥ **이용효과**

ㄱ. 개발기업(중소기업)

• 핵심기술 유출 사전예방

• 대기업의 기술탈취 방지

• 분쟁 시 기술 개발·보유 사실 입증

ㄴ. 사용기업(대기업·공공기관 등)

• 개발기업의 기술에 대한 신뢰성 확보

• 개발기업이 파산, 폐업 시 (특약조건해당의 경우) 지속적인 사용 보장

• 동반성장지수 평가 기술임치 실적 반영 배점 1점

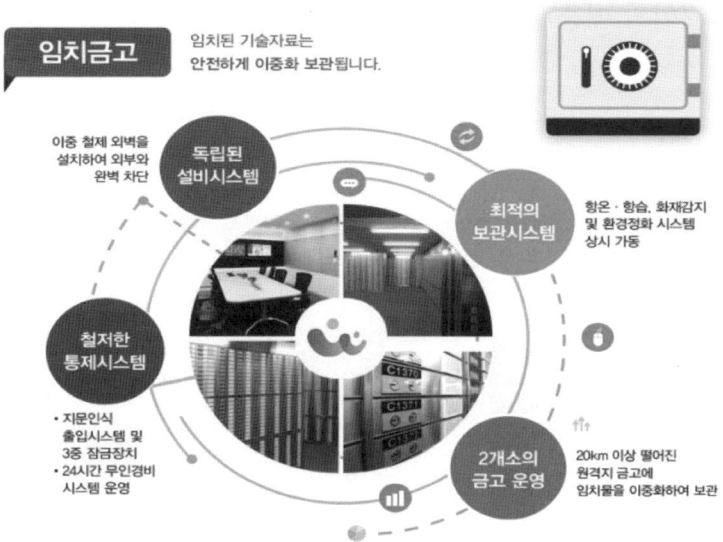

임치금고 임치된 기술자료는 안전하게 이중화 보관됩니다.

이중 철제 외벽을 설치하여 외부와 완벽 차단

독립된 설비시스템

최적의 보관시스템 항온 · 항습, 화재감지 및 환경정화 시스템 상시 가동

철저한 통제시스템
• 지문인식 출입시스템 및 3종 잠금장치
• 24시간 무인경비 시스템 운영

2개소의 금고 운영 20km 이상 떨어진 원격지 금고에 임차물을 이중화하여 보관

⑦ 임치 대상물

영업비밀로 보호받고자 하는 데이터(기술상, 경영상 정보) 및 그 밖의 영업활동에 유용한 지식재산권과 관련된 기술과 경영상의 정보

ㄱ. 기술상 정보

• 생산 · 제조방법

• 시설 · 제품설계도 및 매뉴얼

• 물질 배합 비율 · 성분표

• 연구개발보고서 및 관련 각종 데이터

• SW 소스코드 · 데이터 및 디지털 콘텐츠 등

ㄴ. 경영상 정보

• 기업의 운영 및 관리와 관련한 기밀서류 (재무, 회계, 인사, 마케팅, 노무, 생산)

- 기업의 매출과 관련한 기밀서류 등 (원가, 거래처, 각종 보고서 및 매뉴얼)

⑧ **계약유형**

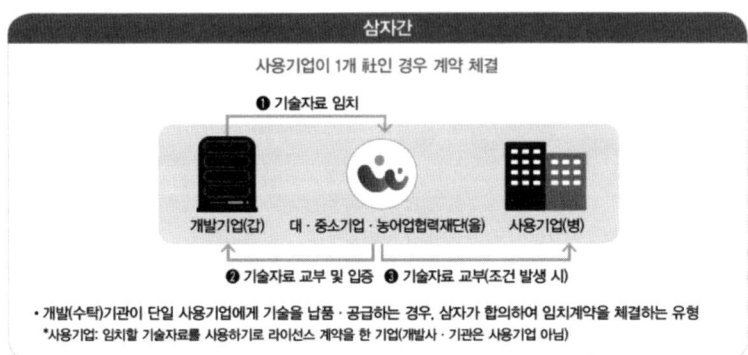

- 개발(수탁)기관이 단일 사용기업에게 기술을 납품·공급하는 경우, 삼자가 합의하여 임치계약을 체결하는 유형
  *사용기업: 임치할 기술자료를 사용하기로 라이선스 계약을 한 기업(개발사·기관은 사용기업 아님)

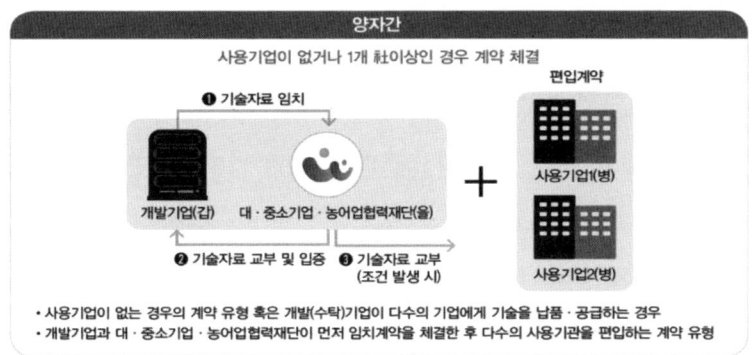

- 사용기업이 없는 경우의 계약 유형 혹은 개발(수탁)기업이 다수의 기업에게 기술을 납품·공급하는 경우
- 개발기업과 대·중소기업·농어업협력재단이 먼저 임치계약을 체결한 후 다수의 사용기관을 편입하는 계약 유형

⑨ 임치 수수료

구분	계약유형		수수료(건/년)	비고
일반	신규	삼자간	300,000원 *할인 적용 시 200,000원	유형별 신규 기술자료 임치계약
		양자간		
	갱신	삼자간	150,000원 *할인 적용 시 100,000원	유지중인 계약 갱신 시
		양자간		
기타	계약편입		50,000원	양자간 임치계약의 사용인으로 편입
	임치물추가		50,000원	임치한 기술자료가 업데이트 되었을 경우

할인대상
※ 단 자격이 유효한 기간 내에서만 할인 적용(최소 1년 이상의 유효기간 필요)

대상	내용	증빙
창업기업	창업 7년 미만의 중소기업	사업자등록증
벤처기업	중소기업진흥공단, 기술보증기금, 한국벤처캐피탈협회의 벤처기업확인서를 발급받은 중소기업	벤처기업확인서
혁신형 중소기업	기술혁신형 확인서(Inno-Biz)를 발급받은 기업	기술혁신형 중소기업확인서
	경영혁신형 확인서(Main-Biz)를 발급받은 기업	경영혁신형 중소기업확인서

할인증빙

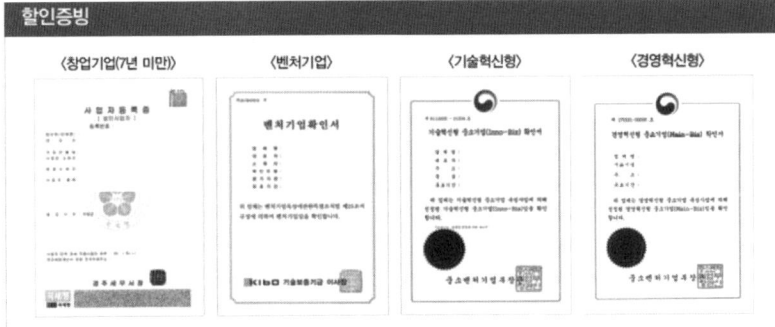

〈창업기업(7년 미만)〉　〈벤처기업〉　〈기술혁신형〉　〈경영혁신형〉

⑩ 사례

기술탈취 방지

화학연료를 생산하는 중소기업 A사는 대기업 B사의 제안을 받아 개발한 독자기술로 월 1,000톤 규모의 생산설비를 구축

☞ 설비의 건설 단계부터 다양한 명목으로 기술자료 공개를 강요받던 중 기술자료를 임치하고 대기업 B사에 이를 통보하여 기술탈취를 방지

기술유용 방지

휴대폰 안테나 관련 기술을 보유한 중소기업 C사는 대기업 D사의 요청에 따라 단독으로 개발한 제품을 납품하던 중
☞ 대기업 D사가 타 협력사를 통해 동일 제품을 개발·납품받으려는 동향을 파악한 후 임치한 기술임을 대기업 D사에 통보하고 조정하여 지속적인 거래를 유지

거래 신뢰성 확보

소프트웨어 개발 중소기업 E사는 모 공기업 F사와의 용역계약체결 사항에 기술임치가 의무사항으로 명시되어 처음으로 기술임치제도를 접하게 됨
☞ 이후 개발한 소프트웨어 기술자료를 임치함으로써 거래기업에 유지보수 신뢰성을 확보할 수 있게 됨

기술자료 백업

중소기업 G사가 보유한 연구·기술자료가 랜섬웨어로 인해 복구 불가, 대표자만 보유하고 있던 기술개발자료를 하드웨어 오류로 인해 데이터 손실
☞ 바이러스, 하드웨어 손상 등으로 인한 자료 손실을 임치물(기술자료) 열람·복사를 통해 핵심 기술자료 보전

사업화 자금 마련

• 의료용 부품기업 제조 중소기업 H사는 임치활용제도를 통해 추가 개발비용을 조달하여 납품할 수 있었고, 기술임치를 통해 기술이 공개되지 않고 보호받음
• 상하수도 분야 제조 중소기업 L사는 임치활용제도를 통해 기술가치평가 지원을 받고 시제품 제작비용까지 조달할 수 있게 되었음을 밝히며 중소기업에 실질적 혜택을 주는 서비스로 평가

* 임치활용제도는 임치한 기술의 가치평가를 통해 담보대출을 받을 수 있는 사업입니다.

3장 사업 타당성 조사

이제 아이템을 선정하였다면 사업 타당성 조사를 해야 한다. 아이템이 좋다고 해도 시장을 모르거나, 사업수명을 모른다면 사업에 성공할 수가 없다. 그렇기 때문에 반드시 사업 타당성 조사를 통해서 GO 또는 STOP을 정해야 한다.

1 사업수명

다음은 우리가 흔히 알고 있는 레이몽 버논의 "제품 수명주기"이다.

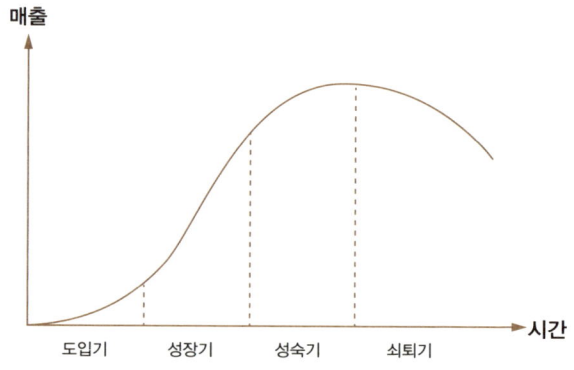

즉, 어떠한 아이템이든 시간이 지나면 소멸한다는 내용인 것인데, 이는 사회 변화와 발전과 연관이 깊다고 할 수 있다. 또한 각 사업 아이템별로도 그 수명이 다 다르다. 그럼 이제 사업 유형별로 사업수명이 어떻게 다른지 알아보자.

구분	기술창업	매장형 창업	무점포 창업	전문가 창업
사업 수명	• 매우 짧다 • 심지어 3년이 채 안 되기도 한다.	• 일반적으로 의,식, 주 관련 창업이 주를 이루기 때문에 사업수명이 긴 편이다.	• 판매하고자 하는 아이템(물품) 변경이 쉽기 때문에 수명이 긴 편이다.	• 아이템별로 다르지만 시대의 변화에 민감한 분야의 경우 수명이 짧은 경우가 있다.

1) 기술창업의 사업수명

기술창업의 사업수명은 흔히 기술의 경제적 수명이라고도 표현한다. 한마디로 해당 기술을 가지고 얼마나 내가 돈을 벌 수 있느냐이다.

기술창업의 사업수명은 다른 형태의 창업에 비해서 수명이 매우 짧아서, 지속적인 연구개발을 통해 아이템을 계속 개선해야 한다. 내가 아무리 획기적인 아이템을 개발하였다고 하더라도 조금이라도 개선된 신버전의 아이템이 나온다면 경쟁력이 없어지기 때문이다.

내가 기술창업의 사업수명을 설명할 때, 항상 예로 드는 케이스는 무선호출기 삐삐이다.

무선호출 서비스 실시

전화 이용자들의 편의도모를 위한 무선호출 서비스제도가 이달 중순경부터 실시된다.

무선호출 서비스란 가입자(사용자)가 일정한 장소에 있지 않은 통화대상자(수신기 소지자)를 무선 으로 호출, 통화하는 것으로 서울의 경우 을지 전화국에 설치된 무선호출 취급국의 중계를 통해 서비스 받게된다.

1일 전기통신공사에 따르면 무선호출 서비스업무는 이미 선진 외국에서 널리 활용되고 있으며 이 옷 일본의 경우 약 1백만 가입자가 이용하는 등 보편화돼있다. 우리나라에서는 처음으로 이달 15 일경부터 실시할 예정이다.

전기통신공사는 여 제도의 실시를 위해 서울 을지전화국에 무선호출 취급국을 개설, 1만회선 용 량의 호출기를 설치완료했으며 이어 시내 각 지역별로 5개 전화국을 선정, 옥상에 중계안테나를 설치하여 수신지역을 최대한 넓힐 계획이다.

전기통신공사는 특히 이 제도가 국내에서는 처음으로 실시되는 만큼 당분간 서울지역에서만 실 시하고 가입자 수도 접수순으로 3백명 정도로 제한한 뒤 이용 결과에 따라 지역 가입자수를 점차 적으로 확대시켜 나갈 계획이다.

월간 사용료는 현재통신공사에서 1만5천원정도로 책정하고 경제기획원과 협의 중이나 가입할 때 는 가입금 등을 합쳐 이보다 훨씬 많을 것으로 보인다.

−1982년 12월 1일자 〈매일경제〉

앞의 내용은 1982년 12월 1일 자로 매일경제에 실렸던 기사이다.

한 시대를 풍미했던 삐삐는 지금의 스마트폰과 같이 모두의 필수품으로 분류되던 시절이 있었다. 현재 짧게 줄여 말하는 인터넷용어는 사실 삐삐시절 처음 도입됐다. 전화번호나 간단한 메시지, 한 줄에 20자 정도로 표기되는 메시지만 전달받을 수 있었기 때문에 생긴 일이었다. '삐삐 용어'라 불렸고 한때는 이 용어들을 모은 책이 출간될 만큼 삐삐의 인기는 날로 높아졌다. 그런데 1997년 10월 개인휴대통신(PCS)이 등장하면서 점차 사용자 수가 급감하더니 상용화된 지 20년도 채 안 되어서 무선호출기 삐삐는 멸종하게 된다.

처음에 삐삐는 정말 혁신적인 물건이었으나, 기술개발의 변화가 빨라지면서 그 수명을 다하게 되는 것이다. 여기서 웃픈 사실은 2022년 기준 한국의 휴대전화 보유율은 99%, 스마트폰 보유율은 93.4%를 기록했다. 2010년 3.8%에 그쳤던 스마트폰 보유율은 2012년 50%를 넘어서더니 고작 12년 만에 전 국민의 생활필수품으로 자리 잡았다. 실제로 스마트폰을 일상생활 필수 매체로 인식하는 국민 역시 70%를 넘어선 것으로 조사됐다. TV를 필수매체로 선택한 응답자가 27.1%에 그친 것에 비하면 스마트폰이 한국인의 삶에 침투한 속도가 굉장하다는 분석이다. 한번 생각해보자, 지금 누구나가 다 사용하는 스마트폰의 수명은 과연 언제까지일지 말이다.

이처럼 기술창업의 수명은 사회가 발전할수록 급격히 빨라지는 경향이 있다. 기술창업을 선택한 창업자는 반드시 내가 추진하고 있는 창업 아이템의 수명이 얼마인지, 경쟁기업은 누구이며, 기술개발 현황은 어떻게 되는가를 알아보아야 한다.

기술의 경제적 수명을 결정할 수 있는 하나의 추정방법으로 특허인용수명 지수(TCT 등)를 적용할 수 있다. 특허인용수명이란 특정의 특허가 등록 이후 다른 특허에 의해 인용되는 기간을 의미하는데, 특허인용수명 이외에도 대상기술 분야에 개발된 로드맵을 활용하거나, 생존 분석을 통한 기술의 잔존 수명을 추정하여 활용할 수 있다.

구 분	기존 모형(2011)	개정 모형(2014)
정량지표	인용특허수명(CLT) 지수 중앙값	특허인용수명(TCT) 지수 중앙값
기술 분류	기존 CLT는 미국특허분류(USPC)를 이용하여 기술수명 결정시 적용분야 선택이 불편	신규 TCT는 국제특허분류(PC)를 사용하여 산출된 값을 제공하고 있어 적용분야 선택이 용이
데이터 갱신	CLT는 특허 전방인용 기간을 산출하는 방식으로서 기초 데이터 전체에 대한 인용수명 기간을 새롭게 계산해야 하므로 기술수명 데이터 갱신에 과다한 시간과 노력이 소요되어 정기적 신규화에 한계	TCT는 특허 후방인용 기간을 산출하는 방식 이므로 최근년도에 대한 인용수명 기간을 산출 하여 기존 데이터에 추가하면 되므로 기술수명 데이터 갱신이 용이하여 정기적 신규화가 매우 용이
최근 자료 반영 여부	최근 특허에 대한 인용정보(forward ditation) 산출시 자료절단(truncation) 문제로 인용기간 산출에 한계	TCT는 특허 후방인용(backward citation) 기간을 적용하므로 최근 특허에 대한 인용수명도 안정 적으로 산출
문제점 및 개선	기존 지표가 미국특허분류를 이용하고 있어 적용이 불편하고, 데이터 갱신의 한계로 최근 추세를 반영하지 못하며, 전반적으로 기술수명이 지나치게 길게 나타남	적용에 편리한 IPC 분류를 사용하고, 최근 데이터를 반영하여 산출된 기술수명으로서, 보다 안정적이고 적정한 기술수명 기간을 제공 하여 신뢰도를 높임

또한 자료를 찾아보고자 한다면 인터넷을 통해 무료로 제공하는 "2017년 기술가치평가 실무가이드"를 보면 각 기술별로 경제적 수명이 나와 있다. 이를 참고하여도 좋고 한국과학기술정보연구원에 들어가면 기술수명을 제공하는 서비스도 있으므로 이를 참고하자.

기술수명 제공 사이트(https://www.starvalue.or.kr/itechvalue/wsp/support/tct.jsp)

2) 매장형 창업, 무점포 창업, 전문가 창업의 사업수명(트렌드)

기술창업 이 외의 창업 유형들을 함께 분류한 이유는, 기술창업을 제외한 경우 사업 수명이 비교적 긴 경우가 많기 때문이다. 다만 독서실 창업과 같이 흔히 말하는 사양산업을 제외하면, 대부분의 경우 사업 수명은 길다고 볼 수 있다.

다만 기술창업 이외의 유형들은 사회변화에 따른 트렌드의 영향을 많이 받는다. 예를 들어 골프 붐이 한창 일어날 무렵에는 골프 연습장 창업이 지속적으로 늘다가, 시간이 지나자 다시 폐업률일 늘어나고 있다. 이와 같이 기술창업 이 외의 창업유형은 트렌드가 중요한데, 의식주와 관련된 창업일수록 이러한 트렌드에 덜 민감하고, 의식주 이외에 편의성, 놀이 등과 같은 창업일수록 트렌드에 더 민감하다고 생각하면 된다. 반드시 사업하기 전에 내가 하는 창업의 수명을 데이터에 근거해서 파악을 하도록 하자.

또한 수명이 비교적 긴 창업이라고 할지라도 지속적으로 아이템을 사회 분위기와 맞게 발전시키는 노력도 필요하다.

제품 및 시장성 평가

시장성 평가는 한마디로 선택한 창업 아이템으로 돈을 벌 수 있느냐를 평가하는 것이다.

시장성 평가 방법은 다양하지만 우선 가장 중요한 2가지를 먼저 해보자. 가격 및 품질 경쟁력, 시장현황 및 수요전망 분석이다. 시장성 평가의 주요 목적은 시장점유율이 어떻게 되고, 수익을 얼마나 낼 수 있는지를 판단하는 과정이다. 이는 급격한 시장 상황 변화가 없다는 가정하에 출시 후 일정 시점의 시장점유율을 예측하기 위해서 진행하는 것이다.

1) 가격 및 품질 경쟁력

한마디로 이야기한다면 내가 팔고자 하는 창업 아이템이 더 싸고, 질이 좋은지에 대해서 객관적인 지표로 판단해보자는 것이다.

• 자사 제품분석

우선 경쟁제품과 비교하고자 한다면 창업 아이템에 대한 상세한 분석이 있어야 한다. 여기서 중요한 점은 낙관적인 관점에서 벗어나, 객관적인 데이터를 많이 확보하여야 한다는 것이다. 화장품을 예로 들자면, 제품이 단순히 품질이 개선되었다고 하는 것보다, 보습력이 56%에서 65%로 증가되었고, 피부톤이 10% 이상 밝아졌다고 하는 것이 고객에게 설득력이 있을 것이다. 이처럼 최대한 객관적인 관점에서 많은 데이터를 가지고 자사의 제품을 분석해보아야 한다.

• 경쟁제품 및 수입품과의 가격 비교

내가 하고자 하는 창업 아이템과 유사한 제품들과 가격을 비교하여야 한다. 이것은 팔고자 하는 아이템이 시장에서 얼마 정도의 가격대로 형성되어 있는지 파악하는 것과 동시에 수익을 내면서도 가격 경쟁력을 가질 수 있는지를 판단하는 것이다. 정말 꼼꼼하게 국내·외의 경쟁제품 가격을 조사해보자

• 자사 제품의 비교 우위 요인 도출

고객을 설득할 수 있으려면, 파는 제품 및 서비스가 다른 제품 및 서비스에 비해서 얼마나 좋은지 설명할 수 있어야 한다. 위에서 가격 경쟁력을 도출하였다면 여기에서는 제품 경쟁력을 도출하여야 한다. 국내·외의 경쟁제품의 기능은 어떠한 것이 있는지, 창업 아이템은 그러한 기능과 어떠한 차별성이 있는지 도출해 내보자.

2) 시장현황 및 수요전망

시장현황 및 수요를 파악하는 것은 창업 아이템을 통해서 어느 정도 규모로 성장할 수 있는지 알아보는 것이다. 아래 내용을 참고하여 시장현황 및 수요를 예측해보자.

• 일반적인 시장현황

일반적인 시장현황 조사는 일반적으로 유료분석 자료가 아니고서는 인터넷을 통해서 알아볼 수 있다. 구글, 네이버, 다음, CHAT GPT 등 다양한 TOOL을 통해서 내가 팔고자 하는 창업 아이템의 일반 시장 조사를 진행하여야 한다.

• 시장규모 및 전망

창업 아이템 관련해서 얼마나 수요가 발생하고 있으며, 추후 이러한 수요가 지속이 될 것인가를 유추해내는 것이다. 정확하게 데이터가 있다면 좋겠지만 그렇지 않다면 다양한 방법으로 추정해 내야 한다. 여기에서 유의해야 할 점은 너무 낙관적으로 추정하는 것이 아니고, 최대한 보수적으로 추정해야 한다는 것이다. 시장규모 및 전망을 정확히 판단해야 창업 아이템에 대한 정확한 수익구조도 마련할 수 있다.

① 목표 고객 정의하기 : 서울에서 프리미엄 커피숍을 시작하려는 경우, 25세~45세, 중간에서 높은 소득을 가진 사람들로, 품질을 가격보다 중시하고 도심 지역에 거주하는 구매력을 가진 사람들로 고객을 특정 해내야 한다.

② 시장 세분화 결정하기 : 지리적 세분화(도시 vs 농촌), 인구통계학적 세분화(성별 등), 행동적 세분화(기술 친화적, 친환경소비자 등)

③ 전체 서비스 가능 시장(TAM : Total Available Market) 계산하기 : 나의 제품 및 서비스가 도달할 수 있는 최대 시장규모(예를 들자면 전국의 커피 소비시장 규모)

  *TAM : 총인구 × 침투율(해당 서비스를 선호하는 소비자비율) × 1인당 평균 지출액

④ 서비스 가능 시장(SAM : Serviceable Available Market)으로 세분화 하기 : 현실적으로 서비스를 제공 할 수 있는 시장이다. 예를 들면 커피숍이 1KM 반경 내에서 서비스를 제공한다고 하면 아래와 같이 계산을 할 수 있다.

  *SAM : 1KM 반경 이내 인구(5만 명) × 침투율 10% × 평균지출액(월 5만 원) = 월 2.5억 원

⑤ 서비스 가능 획득시장(SOM : Serviceable Obtainable Market)으로 세분화 하기 : 현실적으로 획득할 수 있는 시장규모를 말한다. 즉 SAM 지역에 경쟁 커피숍이 10개가 있는 경우, 초기에는 SAM의 10% 점유한다고 치고 계산하는 것이다.

  *SOM : SAM(월 2.5억 원) × 10% = 2,500만 원
  ※ 공공데이터 활용 : 통계청, 소상공인시장진흥공단, 한국은행 경제통계시스템
  ※ 민간데이터 활용 : 신용카드사 데이터, 네이버, 구글, 카카오, CHAT GPT 등

• 국내 제품 및 대체, 유사품에 대한 수급 실적

이는 경쟁 제품의 실적을 조사하는 것으로, 우선 경쟁기업이 어떠한 기업들이 있는 질 리스트업을 해야 한다. 그 이후 해당 기업의 실적을 조사해야 하는데, 일정 규모 이상의 큰 기업들은 전자공시시스템

(https://dart.fss.or.kr/)에 등록을 한다. 만약 여기 등록이 되어 있지 않았다면 다른 방법을 고안해서 실적을 추정해보자. 경쟁기업의 실적이 매우 좋다면 수요가 많다고 판단이 가능하며, 경쟁이 치열할 수 있는 것이다.

• 시장의 특성 및 구조 분석

어떠한 시장이든 그 나름의 특성이 있다. 그 시장의 특성을 알아야 내 창업 아이템의 물건을 팔 수 있는 것이다. 예를 들자면 일반음식점과 비건 음식점은 시장구조 자체가 다르다. 일반음식점은 물론 세부업종에 따라서 다르겠지만 고객의 특성보다는 맛이 중요한 반면에, 비건 음식점은 고객의 특성이 상당히 중요한 것처럼 시장의 특성과 구조를 분석해내야 올바른 판매전략을 세울 수 있는 것이다.

• 소비자 특성 및 변화추세 분석

사회 발전 및 변화와 맞물려 항상 트렌드는 변화한다. 그 트렌드에 따라 소비자의 특성도 변화하기 때문에 이러한 트렌드를 제대로 읽어야 물건 파는 것이 가능한 것이다. 예를 들자면 마라탕, 탕후루 등의 제품들도 기존에는 주목받지 못하다가 최근에 주목받고 있는데, 주로 젊은 세대들에게 인기가 좋다. 이처럼 창업자라면 항상 민감하게 트렌드를 읽고, 나에게 어떠한 영향이 있는지 추세 분석을 해보아야 한다.

3 · 비용 및 매출 예측

한마디로 얼마만큼의 자본을 투입해서 얼만큼의 이득을 얻을 수 있는지 예측해내는 과정이다. 당연히 매출액 보다 비용이 커야 하고, 순익이 얼마나 날 것인지까지 도출해내야 한다.

1) 비용 예측

창업 후 비용은 크게 시설자금과 운전자금, 예비자금으로 나뉜다.

구분	비용항목	금액
시설자금	유·무형 고정자산 및 기타 자산 매입비	
운전자금	인건비, 재료비, 경비 등	
예비자금	시설 및 운전자금의 10%~20%	

위 금액을 예측하려면 시설자금과 운전자금의 세부 항목이 어떤 것들이 있는지 구분하고 비용을 산출하여야 한다. 아래 내용을 참고해

서 비용을 예측해보자.

• 시설자금

　유무형의 고정자산이나 기타 자산을 매입하는데 필요한 자금으로 차후에 대차대조표를 만들게 되면 일정한 감가상각을 제외한 뒤 회사의 자산가치로 남게 되는 자금이다. 대부분 기업 외부로부터 매입하는 것이기 때문에 예상 매입처와 계약서나 견적서를 바탕으로 하여 금액을 산출하는 것이 바람직하다.

구분	항목	금액
대지매입	매입비용 및 세금(취득세, 등록세, 각종 부담금)	
건물건축	건축비용 및 인·허가 비용, 설계비용 포함	
부대공사	전기, 통신, 상·하수도, 냉·난방구축물	
사업장매입	권리금, 세금(취득세, 등록세)	
임차보증금	건물수선비용	
생산설비	생산설비내역서 기준	
부대시설	전·후방 관련 시설, 공·기구, 소모품 포함	
차량운반구	견적서 기준	
사무집기, 비품	세부내역서 작성 기준	
가맹비	계약서 기준	
인테리어비	공사내역서 기준	
기술사용료	계약서 기준	
회사설립비용	주식발행비, 등록세 등 세금	
기타 비용	기타 제반 비용	
총계		

• 운전자금

창업 초기에 운영에 들어가는 비용으로 크게 인건비, 재료비, 경비로 구분되는데 경비는 다시 여러 가지 세부비용으로 나누어진다. 영업활동으로 인하여 회사에 정상적으로 자금이 유입될 때까지의 기간, 즉 1회전 운전자금의 기간은 업종에 따라 다를 수 있으므로 창업자는 이를 감안하여 그때까지 필요한 운전자금을 사전에 확보해야 할 것이다.

구분		항목	금액
인건비		기본금, 상여금, 수당, 4대 보험료 등	
재료비		원료비, 초도상품비, 원·부자재비 등	
운영 경비	임차료	임대사업장인 경우	
	관리비	전력비, 수도·광열비	
	광고 선전비	사업 초기 판매활동비용	
	외주가공비	하청업체 수수료	
	운반비	포장, 하역비 포함	
	교통비	차량유지비 포함	
	세금과 공과	각종 공과금	
	보험료	회사자산에 대한 보험료	
	복리후생비	종업원 의료보험, 식대, 국민연금 등	
	소모품비	공·기구, 집기 비품	
	기타경비	도서인쇄비, 연구개발비, 접대비 등	
총 계			

• 예비자금

보통 예비 자금은 전체 운전자금의 10%~20%를 책정하는데, 이는 창업자 개개인의 사정이 다 다르므로 참고만 하면 될 것이고, 비용 산출을 위해서 10% 정도로 책정하자.

2) 매출 예측

매출을 예측하는 방법은 다양하지만, 한 가지 특정 기법을 활용하여 매출을 예측할 수 있는 방법이 있고, 두 가지 이상을 복합적으로 사용하여 매출을 예측할 수 있다. 예를 들자면 회귀분석으로 매출을 예측한 뒤 판단(경영층) 의견을 수렴하여 매출을 조정하는 것이다.

기법 유형	내용	예시
판단	개인의 경험과 판단에 근거한 추정	영업사원, 경영층, 델파이 추정
시장조사	잠재고객 대상으로 자사상품의 시장점유율 추정	구매 의도, 상품 선호도 조사
시계열분석	기간(월)별 매출실적 추이 분석을 통한 미래매출 추정	이동평균법
인과관계 분석	매출과 매출에 영향을 미치는 독립변수들의 상관관계 분석	회귀분석

※ 출처 : 마케팅 원리, 2018

구분	단순주세 연장법	판단적인 기법			고객조사기법		시계열기법		인과관계 기법	
		판매사원 의견 중합법	전문가 의견 종합법	델파이 기법	컨셉트 테스트	시장 테스트	이동 평균법	지수 평활법	회귀분석	선행지수법
예측범위	단기/중기	단기/중기	단기/중기	중기/장기	중기	중기	단기/중기	단기/중기	단기/중기/장기	단기/중기/장기
소요시간	매우짧음	짧음	내부/외부 전문가에 따라 다름	상당함	상당함	상당함	짧음	짧음	비교적 짧음	비교적 짧음
요구되는 지식수준	최소한	최소한	최소한	최소한	방법에 따라 다름	높음	최소한	최소한	높음	기본적인 수준
소요비용	매우낮음	낮음	내부/외부 전문가에 따라 다름	경우에 따라 높아질 수 있음	높음	높음	낮음	낮음	보통/높음	보통
과거데이터	약간필요	불필요	불필요	불필요	방법에 따라 다름	방법에 따라 다름	필요	필요	필요	필요
정확성	낮음	경우에 따라 다름	전문가 역량에 따라 다름	환경이 급변할수록 유리함	환경이 안정적이면 높음	환경이 안정적이면 높음	환경이 안정적이면 높음	단기예측일 경우 높음	환경이 안정적이면 높음	보통

※ 출처 : 마케팅 원리, 2018

• 판단

　개인의 판단에 근거한 매출 추정은 빠르고 간단히 할 수 있는 장점이 있다. 또한 개인의 통찰력이 있다면 매출 추정의 신뢰도가 높아질 수 있다. 반대로 특정 목적을 가진 개인(예:매출 목표를 낮추고자 하는 영업)이 추정한다면 신뢰도가 낮아질 수 있다. 델파이 기법은 퍼실리

테이터의 조정하에 전문가들이 반복적인 토의를 통해 의견을 수렴하는 의사결정 방식이다. 주로 데이터가 없는 신기술이나 혁신상품의 수요예측 시 활용한다.

• 시장조사

시장조사에 의한 매출 추정은 고객인터뷰를 통해 시장점유율을 추정하여 매출을 추정하는 방식으로, "구매 의도"와 "상품의 선호서열분석"을 수행한다.

이 두 가지 분석은 상품기획 초기 단계에서 간단하게 적용하지 적합한 기법이다.

① 구매 의도 분석

우선 고객에게 자사 상품의 구매 의도를 5점 척도로 질문하여 결과를 취합한다.

(예:반드시 산다, 아마도 산다, 살지도 모르겠다, 아마도 사지 않을 것이다, 절대 안 산다)

이때 유의할 것은 설문 무응답자의 비율이다. 설문에 응하지 않는 경우는 구매를 하지 않겠다는 고객에 포함시켜 데이터를 구해보자.

ex) 구매 의도 분석을 통한 시장점유율 추정치 구하기

다음과 같이 과거의 데이터가 있다면,

반드시 산다의 고객(30%)은 실제로 50% 상품구매,

아마도 산다의 고객(20%)은 실제로 20% 상품구매,

살지도 모르겠다의 고객(20%)은 실제로 5% 상품구매

$0.3 \times 0.5 + 0.2 \times 0.2 + 0.2 \times 0.05 = 20\%$가 되므로 시장점유율 추정치는 20%가 된다.

② **상품 선호서열 분석**

자사 상품과 경쟁하는 상품이 총 4개라면 자사 제품을 포함하여 총 5개 상품에 대해 좋아하는 순서대로 1에서 5를 기입해 달라고 조사하는 방법이다.

연구(신상품 마케팅, 2019)에 의하면 선호 1순위의 구매확률은 83%, 2위는 15%, 3위는 2%라고 한다. 고객조사 결과 10%가 자사 상품을 가장 좋아하고, 20%가 두 번째로 좋아한다면($0.1 \times 0.83 + 0.2 \times 0.15$) 시장점유율은 11% 인 것이다.

• 시계열 분석

시계열 분석은 과거의 매출 추이를 연장해서 미래의 매출을 추정하는 기법이다. 월별 매출 변동은 크기 때문에 3개월 이동평균법에 의한 매출 추정을 활용하는 것이 일반적이다.

창업기업은 과거 매출액이 없기 때문에 시계열 분석은 상황이 유사한 경쟁기업의 매출액으로 간접 추정할 수 있다.

기간	매출액	3개월 이동평균	월 변동량
1	100	–	–
2	110	105(1~3기간)	+10
3	105	115	−5
4	130	125	+25

| 5 | 140 | 130 | +10 |
| 6 | 120 | – | −20 |

• 인과관계 분석

대표적인 인과관계 분석 기법인 회귀분석의 수행 순서는 다음과 같다.

① 매출(Y)에 영향을 미치는 독립변수들(Xi)을 선정한다. 매출의 경우 가격, 광고비, 가처분 소득이 독립변수가 된다.

② 독립변수와 종속변수 간 모형을 수립한다.(대부분 독립변수와 종속변소의 관계를 선형으로 가정) Y = b0 + b1(가격) + b2(광고비) + b3(가처분 소득)

③ 미래의 독립변수를 대입하여 매출을 추정한다.

이 과정은 사업 타당성 조사의 마지막 단계이다. 앞의 과정에서 최대한 객관적인 기준으로 데이터를 확보했다면 종합적으로 사업 가능성을 판단을 하여야 하는데, 내가 벌어들일 소득의 크기를 정확하게 추정하고, 비용을 제하여 사업성이 있는지를 판단해보자.

• 개인사업자 vs 법인사업자

사업 타당성 조사 결과, 창업을 해서 돈을 버는 것이 가능하다고 판단했다면 이제 어떠한 형태로 창업을 할 것인지도 고려하여야 한다. 창업은 개인사업자로 창업을 하느냐, 법인사업자로 창업을 하느냐에 따라서 그 차이가 천차만별이므로, 예상소득, 비용 등을 추산하여 어떠한 형태가 나에게 유리할 것인지도 반드시 판단해보아야 하는 것이다.

여기서 위에 필자가 분류한 창업형태(기술창업, 매장형 창업, 무점포 창업, 전문가 창업)에 따라 일반적으로는 기술창업은 법인사업자가 많고, 매장형, 무점포, 전문가 창업에는 개인사업자가 많다. 기술창업자가 법인사업자 창업을 하는 가장 큰 이유는 창업의 특성상 바로 비용과 시간이 많이 들어가기 때문에 반드시 투자를 받아야 살아남을 수 있는 특성이 때문이다. 기술창업자라 해도 개인사업자를 하는 경우가 종종 있는데, 이러한 창업자들은 부동산과 일정금액 이상의 자금을 가지고 투자를 받을 필요가 없는 배경을 가지고 있는 특징들도 볼 수 있다.

한마디로 이야기해서 개인사업자는 버는 돈이 모두 창업자 개인의 돈이고, 마음대로 써도 되는 형태이며, 법인사업자는 버는 돈이 모두 법인 주주의 돈이고, 마음대로 쓸 수 없는 형태이다.

법인사업자가 법인의 돈을 개인사업자처럼 마음대로 쓴다면 횡령에 해당하는 것이다. 대표적인 예로 요즘 지나가다가 차량을 보면 번호판이 연두색인 차들이 있다. 2024년 1월부터 법인차량은 연두색 번호판을 착용하도록 법률규정을 시행했는데, 이는 곧 법인차량을 개인 소유 차량처럼 사업 활동 아닌 부분에 이용하지 말라는 것이다. 법인사업자의 사업은 더 이상 나만의 사업이 아니게 되는 것이다.

또한 주요하게 고려하여야 할 점이, 소득세이다. 개인사업자, 법인사업자에 따라서 나라에 내야 하는 소득세가 천차만별이므로 위에 소득, 비용을 반드시 정확하게 산출하여 어떠한 형태가 나한테 유리한지 판단해야 한다.

이러한 차이점을 반드시 염두에 둬서 개인사업자로 창업을 할 것

인지, 법인사업자로 창업을 할 것이지 생각해보자

① **사업 주체의 차이(소득의 귀속)**

개인사업자의 경우, 개인이 사업 주체이므로 그 소득과 부채 모두 개인의 것임

법인사업자의 경우, 법인사업자는 주주들이 자본을 출자해 설립한 법인격 사업자를 말하는데, 사업 주체는 개인 그 누구도 아닌 기업이 되므로 아무리 대표이사라고 하더라도 법인의 소득은 대표이사의 것이 아닌 그 기업 자체의 소득이 됨

② **등기 여부**

개인사업자의 경우, 등기절차 없이 세무서 또는 홈택스 홈페이지에서 사업자등록 신청을 하면 사업을 개시할 수 있음

법인사업자의 경우, 관할 등기소에 설립등기를 해야 법인격을 갖추는데, 이는 필수 사항이고 설립등기가 완료된 후 세무서에 사업자등록신청을 하면 법인사업자 등록이 완료됨

구분	개인사업자	법인사업자
설립 절차 및 비용	세무서에 사업자 등록 (인허가 필요한 업종인 경우, 관할 관청 인허가 우선) 별도의 설립 비용 없음	주식출자, 대표자 확정, 설립등기, 사업자 등록 진행과정에서 설립 비용 소요
설립 자본금	별도의 법정자본금이 필요하지 않음	법정 최저 자본금은 폐지되었으나, 통상 100만 원~5천만 원 정도
법인 존속성/ 지속성	대표자 변경시 기존 사업자 폐업 후 다시 사업자등록	대표자 변경해도 법인은 그대로 존속
소득의 귀속	개인이 사업 주체이므로 모두 개인(대표)의 소득	법인귀속으로 주주나 대표자의 소득이 아님

자금의 인출	개인 소득으로 개인명의 통장에서 자유롭게 인출 가능	법인의 계좌에서 인출할 수 없음 (임의 인출시 가지급금)대표자는 급여, 주주는 배당으로 자금화 할 수 있음
세금문제	개인소득에 대한 소득세 부과 세율 6~42% (2018년 세법개정기준)	법인소득에 대한 법인세 부과 세율 10~25% (2018년 세법개정기준) *개인 자금화에 대한 세금은 별도 고려 대상임
기타 이슈	회계 및 세무처리가 간편하여 소규모 사업자 형태에 적합	회계 및 세무처리가 복잡하며 일정규모이상의 사업자나 회사의 지속성장이 목표인 경우 적합

• 현직자 인터뷰

사업 타당성 조사의 마지막은 반드시 현직자의 인터뷰이어야 한다고 생각한다. 아무리 정확한 데이터를 조사하고, 정확한 매출, 비용 예측을 맞추었다고 해도 실제 그 예상이 정확하게 맞기란 힘들다. 무엇보다 업황이라는 것이 있기 때문에 호황일 때는 더욱 이득이 많이 생기겠지만, 불황일 때는 이득이 줄어들기 때문에 이러한 내용을 포함하여 종합적으로 사업 타당성을 판단하기 위해서는 현직자의 인터뷰가 중요한 역할을 할 것으로 생각한다.

현직자의 인터뷰를 할 때, 물론 해당 업종의 사업주가 100% 다 알려주지는 않겠지만, 그 분위기를 보아야 하는 것이다. 업황이 좋은 경우에는 사업주는 실제 좋다고 이야기하거나 견제를 하는 의미에서 그냥 밥은 먹고산다고 하는 경우일 것이고, 업황이 안 좋을 경우에는 정말 사업주가 많이 힘들다고 해당 사업을 시작한 것을 후회한다고 하는 경우일 것이다. 하지만 현직자 인터뷰의 핵심은 최소한 5명 이상의 사업주들에게 의견을 구하는 것이다. 사업주의 개인 역량에 따라서 안 좋은 업황을 극복하고 있는 능력 있는 사업주도 있을 것이고, 좋은 업황에도 불구하고 역량이 부족하여 크게 돈을 벌지 못하는 사업주도 있을 것이기 때문이다. 그렇기 때문에 현직자의 인터뷰를 할 때, 사업주가 정말 역량이 있는 사업주인가도 같이 조심스럽게 살펴보자.

• 창업자의 역량

사업 타당성 조사의 마지막은 반드시 창업자가 과연 이 모든 과정을 겪고, 성공으로 이끌 수 있는지에 대한 역량이 있는지에 대한 판단이어야 한다고 생각한다. 아무리 아이템, 업황 등 기타 조건이 모두 좋다고 할지라도 결국 이 모든 조건을 성공으로 이끄는 것은 창업자 본인이다. 그런데 아이템, 업황 등 기타 조건이 모두 좋은 사업들은 이미 레드오션일 것이고, 실제로 모든 조건이 좋은 사업도 없지만 말이다.

창업은 창업자 51% + 아이템, 업황, 기타 등등 49%이다. 여기서 2% 차이는 결국 모든 것을 판가름하는 차이이기도 하다. 그렇기 때문에 창업자가 본인의 역량을 객관적으로 분석해보고, 창업을 위해서 어떠한 준비를 해야 하는지 알아보아야 하는 것이다.

연구결과에 따르면 창업자의 역량이 기업 성과에 중요하게 미치는 영향은 기술력, 전략, 관리역량으로 나타났다. 다만 창업자의 네트워크 역량은 경영성과에 유의한 영향을 미치지 않는 것으로 나타났는데, 이는 정부, 창업지원기관 등의 도움을 받는 것이 훨씬 효과가 뛰어나다는 것을 말한다.

기업 성과에 창업자 역량이 중요하게 미치는 영향

① 창업자의 기술력

② 창업자의 전략

③ 창업자의 관리역량

〈1인 기업 창업자 역량이 기업 경영성과에 미치는 영향에 관한 연구〉

(김창봉, 이승현/ 대한경영학회지, 2017)〉

첫째, 창업자의 기술적 역량은 창업기업의 경영성과에 긍정적인 영향을 미치는 것으로 나타났는데 이는 창업 초기에는 아이템을 사업화하기에 필요한 기술력의 확보가 매우 중요하고 핵심 기술력을 확보하지 못할 경우 창업 자체가 불가능하거나 실패에 대한 위험성이 존재하기 때문이다.

둘째, 창업자의 전략적 역량도 창업기업의 경영성과에 영향을 주는 것으로 나타났는데 이는 1인 대표의 상황적 판단에 따라 창업기업의 성패가 쉽게 결정될 수 있는 중요한 요인이 되기 때문이다.

셋째, 창업자의 관리적 역량은 창업기업의 경영성과에 유의한 영향을 미치는 것으로 나타났는데, 고용을 확충하여 조직을 관리하고 사업목표달성을 위해 역할분담을 통한 업무를 하는 일반적 관리업무의 진행은 창업 초기에 매우 중요하다고 하겠다.

넷째, 창업자의 네트워크 역량은 창업기업의 경영성과에 유의한 영향을 미치지 않는 것으로 나타났다.

4장 창업 준비

아이템 조사 및 선정, 사업 타당성 조사 등을 창업 전에 해야 하는 이유는 바로 무점포 창업과 같은 아이템을 제외하고는 초기비용도 많이 들고, 창업에 실패했을 경우 손해가 너무 커서이다. 너무 의욕이 앞서서 사전에 준비절차 없이 무작정 창업을 해서, 손실을 크게 보고 실패하는 경우를 많이 봤었기 때문에 꼭 여유를 가지고 창업을 해도 되는지 꼼꼼히 따져보길 권한다. 사업 타당성 조사까지 마쳤고, 창업을 해도 괜찮다는 결론이 났다면 이제 창업을 준비해보자.

1 벤치마킹

"한 사람의 아이디어를 훔치면 표절이다. 그러나 여러 사람의 아이디어를 훔치면 작품이 된다."라는 말이 있듯이 단순 모방이 아닌 개념적 모방이나 여러 가지를 동시에 모방하는 약간의 기술적 모방이 필요한 것이다. 하나의 생각은 다른 아이디어들로 계속 연결된다. 예를 들어서 맥도날드에서는 자동차에서 주문하고 받아가는 방법으로 햄버거를 팔았는데, 같은 방법으로 스타벅스는 자동차에서 주문하고 받아가는 방법으로 커피를 팔고 있다. 일명 드라이브 스루(Drive-through)이다.

2015년 광주 광산구에서는 민원 업무를 보기 위해 방문하는 주민들의 증가로 주차공간이 부족한 어려움을 겪었는데, 당시 한 직원이 드라이브 스루 시스템을 도입해 민원서류를 발급하자는 아이디어를 냈고, 이를 '차타GO 민원보GO'라는 이름으로 시행된 드라이브 스루 민원센터는 15분에서 30분 정도 걸리던 업무가 3분에서 9분 정도로 단축되면서 큰 호응을 얻었다. 또한 코로나 19 사태에서도 선별진료소로 연결되어 매우 큰 역할을 했다. 이렇게 아이디어는 연결되는 특징이 있다.

1) 성과 벤치마킹

성과 벤치마킹은 가장 일반적으로 사용되는 벤치마킹 기법이다. 여기에는 회사의 성과 메트릭을 업계 동료 및 경쟁사의 성과 메트릭과 비교하여 강점, 약점 및 개선 기회를 파악하는 것이 포함된다. 또한 시장 위치를 파악하는 데도 도움이 되는데, 경쟁사의 데이터를 분석하면 성공적인 전략과 운영 효율성에 대한 인사이트를 얻을 수 있다. 예를 들면 한 소매업체는 영업팀 성장률, 고객 만족도 점수, 재고 회전율을 주요 경쟁업체와 비교하여 운영 및 고객 서비스에서 개선이 필요한 부분을 파악할 수 있다. 따라서 성과 벤치마킹에는 재무 벤치마킹의 요소도 포함되는 것이다.

① 재무 성과 메트릭: 매출, 이익 마진

② 고객 만족도 점수: 순 프로모터 점수

③ 영업팀 메트릭: 시장 침투율, 연간 계약 가치, 전환율, 고객 생애 가치(CLTV)

2) 프로세스 벤치마킹

프로세스 벤치마킹에는 회사의 프로세스와 시스템에 대한 내부 또는 외부 검토를 통해 벤치마킹 하는 방법을 말한다.

예를 들면 한 제조 회사는 다음과 같이 비교하여 생산 프로세스 효율성을 검토할 수 있다. 선도적인 경쟁업체의 사이클 시간, 결함률, 생산 비용을 분석하여 프로세스를 간소화할 기회를 파악할 수 있는 것이다.

① 세부적인 내부 데이터: 워크플로우 단계, 사이클 시간 및 성능 메트릭

② 외부 데이터: 업계 벤치마크 또는 경쟁사 프로세스 데이터

③ 정보 출처: 업계 보고서, 공동 벤치마킹 연구 또는 벤치마킹 기관과의 파트너십

3) 전략적 벤치마킹

전략적 벤치마킹은 비즈니스 전략을 업계 리더의 전략과 비교하여 격차를 파악하고 그들의 성장과 성공으로부터 배우는 것이다.

예를 들면 한 기술 스타트업이 마케팅 KPI 및 확장 전략에 대해 애플(Apple)이나 구글(Google)과 같은 성공한 기업의 사례를 살펴보고, 스타트업은 전략적 결정을 분석하여 제품 개발, 마케팅 접근 방식, 글로벌 확장 플랜 등 전략을 구체화할 분야를 파악하는 것이다.

① 전략 플랜 및 문서: 비즈니스 플랜, 성장 전략 및 경쟁사 분석 자료

② 업계 리더 데이터: 업계 리더의 사례 연구, 연례 보고서 및 전략적 분석

③ 벤치마킹 프레임워크: SWOT 분석, PESTEL 분석

④ 전문가 인사이트: 컨설팅 보고서, 업계 백서 및 사고 리더십 기사

4) 기능 벤치마킹

기능 벤치마킹은 내부 기능 및 운영을 업계 표준과 비교하여 개선이 필요한 부분을 파악하는 것이다.

예를 들면 한 회사의 인사 부서는 채용 소요 시간, 채용 비용, 직원 유지율을 분석하여 채용 프로세스를 업계 표준과 비교하여 벤치마킹하는데, 이러한 비교를 통해 회사는 채용 프로세스를 간소화하고 최고의 실행 방식을 채택할 수 있다.

① 현재 프로세스에 대한 세부 메트릭: 워크플로우 단계, 직원 성과 메트릭, 처리 시간, 다운타임 및 가동 시간 메트릭

② 업계 표준 및 벤치마크: 업계 보고서, 전문 협회 및 벤치마킹 데이터베이스의 비교 데이터

③ 분석 도구: 다음과 같은 소프트웨어 사용 ClickUp 프로세스 지도

작성, 성능 분석 및 벤치마킹 연구용

④ 전문가 상담: 업계 전문가, 컨설턴트, 전문 네트워크가 제공하는 인사이트

5) 내부 벤치마킹

내부 벤치마킹에서는 비즈니스 내의 다양한 그룹, 팀, 프로세스를 비교하여 최고의 실행 방식과 개선이 필요한 영역을 파악하는 것이다.

예를 들면, 한 대형 소매 체인은 다양한 매장 위치에서 영업팀 성과와 고객 서비스 메트릭을 비교하고, 실적이 가장 우수한 매장을 파악하면 체인이 다른 위치에 성공적인 사례를 복제하여 전반적인 성과를 개선하는 데 도움이 되는 방식을 말한다.

① 세부적인 내부 데이터: 프로세스 문서 및 워크플로우, 고객 피드백 및 만족도 점수, 직원 성과 평가

② 벤치마킹 도구 및 방법: 성과 대시보드, 내부 설문 조사 및 피드백 도구, 프로세스 분석 및 지도 작성 소프트웨어

③ 커뮤니케이션 및 협업 플랫폼: 지식 공유 및 협업을 위한 도구, 부서 간 회의 및 워크숍

6) 외부 벤치마킹

외부 벤치마킹은 다음과 같은 회사의 성과 메트릭을 비교하는 것을 의미하는 일반적인 용어로, 제품 마케팅 KPI, 영업팀 수익 등을 비슷한 틈새시장이나 업종에 속한 다른 조직과 비교하여 개선할 부분과 최고의 실행 방식을 파악하는 것을 말한다.

예를 들면, 한 의료 서비스 제공자가 자사의 환자 만족도 점수, 치료 결과, 운영 비용을 주요 지역 병원과 비교하고, 이러한 비교를 통해 격차를 파악하고 환자 치료 결과와 운영 효율성을 개선하기 위한 최고의 실행 방식을 구현할 수 있다.

① 비교 데이터에 대한 액세스: 업계 보고서 및 벤치마킹 연구, 경쟁사 성과 메트릭, 시장 분석 및 설문 조사

② 세부적인 내부 데이터: 제품 마케팅 KPI, 재무 성과 지표, 프로세스 및 워크플로우 문서

③ 벤치마킹 도구 및 리소스: 데이터 비교를 위한 분석 도구, 시장 분석 및 성과 추적을 위한 소프트웨어, 업계 벤치마킹 데이터베이스에 대한 액세스

7) 경쟁사 벤치마킹

경쟁 벤치마킹은 조직 내의 다양한 그룹, 팀, 프로세스를 경쟁사와 비교하여 강점, 약점, 개선 기회를 파악하는 것을 말한다.

예를 들면, 한 이커머스 회사가 브랜드 인지도 KPI 팔로워, 소셜

공유, 브랜드 개별 답글 등 다양한 지표를 주요 경쟁사와 비교하여 격차와 차이점을 찾아내고, 이러한 지표를 더 많이 비교한 후 마케팅 생산성 메트릭을 통해 목표 고객에게 다가갈 수 있는 더 나은 인지도 캠페인을 시작하는 것이다.

① 경쟁사 데이터 액세스: Gartner, Forrester 또는 IBISWorld와 같은 데이터 소스의 업계 보고서, 경쟁사 재무 보고서 및 연례 보고서, 업계 간행물 또는 리서치 회사의 사례 연구

내부 데이터 수집: 고객 지원 응답 시간, 고객 만족도 설문 조사 결과, 내부 프로세스 문서 및 워크플로우 분석에 대한 세부 메트릭

② 벤치마킹 도구 및 소프트웨어: ClickUp과 같은 데이터 비교 및 성과 추적 도구, SEMrush 또는 SimilarWeb과 같은 시장 분석 도구

③ 네트워킹 및 협업 데이터: 업계 협회(예: AMA, CMI) 회원 가입, 벤치마킹 컨소시엄 또는 그룹(예: APQC) 참여

2 창업팀 구성

창업 운영은 엄청난 육체적·정신적 스트레스와 고통이 따른다. 창업이 잘 운영될 때는 당연히 행복하지만, 운영에 어려움이 있을 때 겪게 되는 스트레스와 우울함은 상상을 초월한다. 게다가 대부분의 창업은 잘 될 때보다 그렇지 못할 때가 많다. 그러나 이때 함께하는 동료가 있으면 역경을 더 쉽게 넘어설 수 있다. 혼자 창업한 경우에는 이런 각오와 의지를 다지기가 힘들다.

실제로 우리가 알고 있는 대부분의 성공한 스타트업은 두 명 이상으로 구성된 창업팀으로 출발했다. 창업팀이 한 명이라는 것은 그가 주위 사람을 설득해 같이 창업하는 데 실패했다는 것을 의미한다. 무엇보다 가장 친한 친구나 가족을 설득하지 못했다는 것은 창업자의 자신감과도 직결되는 문제이다. 이런 경우는 투자유치나 직원을 고용할 때 어려움을 겪을 가능성이 높다. 창업팀을 너무 많은 사람들로 구성하는 것보다는 적당한(2명~4명) 인원으로 구성하는 것이 좋다. 창업 멤버가 많으면 단순한 의견 차이가 깊은 감정의 골을 만들고, 나중에는 파벌까지 형성될 수 있음을 명심하자.

그렇다면 창업팀의 바람직한 구성 방법은 무엇일까? 개인적으로 기술창업을 하고자 하는 사람이라면 창업팀에 반드시 IT 개발자를 포함시킬 것을 추천한다. 최근 기술창업의 대표들에게 물어보면 IT 개발자를 채용하는데 너무 힘들어서 온라인시스템 관련해서는 거의 외주를 주는 경우가 많다고 한다. 하지만 온라인시스템에 관한 부분을 외주를 주게 될 경우에는 즉각 창업자의 지시사항 반영이 힘들고, 나중에는 돈이 더 들어갈 확률이 크다. 그렇기 때문에 처음 기술창업 분야의 창업팀을 꾸릴 때 가능하다면 반드시 IT 개발자를 포함시켜야 한다고 생각한다. 최근 온라인마케팅, 홈페이지 운영, 소프트웨어개발 등 IT 기술이 필요하지 않는 스타트업은 결코 없다. 또한 IT 전공자가 마케팅, 영업을 하는 경우는 있어도, 문과 전공자가 IT 개발자가 되는 경우는 많지 않기 때문이다. 또한 기술을 기반으로 한 기업이라면 해당 기술에 대한 R&D 인력이 필요함은 말할 것도 없을 것이다.

'스타트업의 구성원은 슈퍼스타가 필요 없다.'

그보다는 훌륭한 체력을 바탕으로 열심히 뛰는 선수여야 한다. 다시 말해, 스타트업에는 세계 최고의 실력을 갖춘 직원보다는 창업자의 창업 의지를 잘 따라 줄 수 있는 선수가 더 적합하다는 말이다. 세계 최고의 실력을 지닌 직원을 데리고 있으려면 그만한 베너핏을 주어야 하는데, 이 또한 초기에 돈이 없는 창업자에게는 부담일 것이다. 한마디로 성실하고, 열정적인 사람들로 구성된 팀이야말로 진정한 A급 팀이라고 할 수 있다. 즉 창업에 절대적으로 필요한 인재상은 다른 사람들과 잘 지내면서 분위기를 긍정적인 방향으로 이끌고, 창업자와 적극적인 의사소통을 통해서 창업자에게 힘이 되는 사람이다. 대부분의 스타트업은 파생적 아이디어를 기반으로 한 제품과 서비스로 시작한다. 그렇기 때문에 스타트업에서 해야 하는 일은 기본적인 지식과 상식만 있으면 누구나 할 수 있는 일들이다. 반드시 구체적이고 특별한 기술을 갖출 필요는 없지만 항상 배우려는 의지와 최선을 다하는 자세는 절대 놓쳐서는 안 되는 덕목이다.

필자는 여러 기관에서 창업기업 평가를 하는 경우가 많은데, 가장 중요하게 보는 부분 중 하나가 바로 창업팀이다. 창업팀 구성은 해당 아이템을 성공시킬 만한 인재들로 구성이 되어있는지 보는 것이다. 만약 직원이 한 명도 없이 1인 창업기업이 정부과제에 지원했다면 결코 좋은 점수를 받을 수 없다. 그렇기 때문에 창업자는 자신과 같이 일할 만한 사람을 구하는데 정말 큰 공을 들여야 한다.

• 창업팀 구성의 어려움

우선 창업기업이 창업팀을 구성할 때, 가장 어려운 부분이 인지도와 자금 문제이다. 초기 창업기업들은 우선 대외적으로 사람들이 잘 모르는 인지도가 낮은 기업이므로 인재 유인요인이 그만큼 취약하다고 하겠다. 또한 자금 사정도 넉넉하지 않을 것이라 많은 연봉을 주고 아주 뛰어난 인재를 데리고 오기가 그만큼 어려울 것이다. 이러한 창업팀 구성의 어려움에도 불구하고, 창업자는 뛰어나지는 않아도 우리 회사에 적합하며 좋은 인재를 데리고 와야 한다.

10명 이내의 창업팀에서 업무 분위기를 흐리는 1명을 영입했다고 생각해보자. 그 1명은 아마도 부정적인 생각을 주위 직원들에게 전파

하는 것은 물론 제대로 일도 하지 않으면서 분위기를 흐릴 것이다. 한 번 이러한 부정적인 분위기가 직장 내에서 깔린다면 정말 사내 분위기가 아수라장이 되는 것은 한순간이다. 게다가 그 직원을 어떻게든 해고했다고 하더라도 다시 분위기를 잡는 데에는 꽤 오랜 시간이 걸려서 그 손해가 이만저만한 것이 아닐 것이다.(사실 요즘 노동법이 강화되어 해고가 쉽지 않고, 해고한다 하더라도 고용노동부에 부당노동행위로 신고를 하는 경우도 많다) 또한 최근 입사하는 젊은 직원들을 보면 전처럼 직장을 위해 헌신을 한다는 생각보다는 워라벨을 중요시하는 경우도 많은데, 창업기업은 커야 하는 기업이기 때문에 워라벨을 지키기도 쉽지 않다. 필자가 정말 창업기업의 인재채용을 강조 또 강조하는 이유는 정말 다른 것들을 다 완벽하게 잘했을지라도, 잘못된 인재 1명의 채용이 바로 회사를 위험에 빠뜨릴 수 있을 정도로 파급효과가 크기 때문이다.

창업자는 10명의 능력 있는 인재를 채용하려고 하는 것보다, 1명의 분위기 흐리는 인재를 채용하지 않는 것이 더 득이 클 수도 있음을 반드시 명심해야 한다. 또한 창업자라면 반드시 어느 정도 노동법의 중요한 부분에 대해서는 알고 있어야 하며 창업팀의 분위기를 흐리는 직원들을 잘 정리를 해보자.

• 창업팀 구성방법

일반적으로 초기에 창업팀 구성은 지인, 학교 동문, 가족, 친인척, 친구, 이전 직장동료, 이전 비즈니스 동료, 투자자 등으로 이루어진다. 한마디로 내 인맥을 동원하여 개인적인 성향이 잘 맞거나, 호감도가 많은 사람들 위주로 이루어지는데, 여기서 창업팀을 구성하는 방법은 그 사람의 성향과 나의 성향을 동시에 객관적으로 천천히 잘 판단해보는 것이다. 대학교 동창이 정말 능력이 좋지만 조금 호전적(전투적)인 성격이라면 나의 성격이 그 동창의 능력을 잘 이용, 컨트롤하면서 잘 받아줄 수 있다면 최상의 조합이 될 것이지만, 창업자 본인도 주장이 센 편이라면 둘이 부딪히게 될 가능성이 높다. 그렇기 때문에 주변 지인으로 창업팀을 구성할 때는, 최대한 객관적인 판단을 하도록 해보자.

우리가 흔히 알고 있는 기업가치가 조 단위에 이르는 페이스북, 드롭박스, 링크드인 등의 The Unicorn Club 기업들의 창업팀 규모는 초기에 평균 3명 정도이다. 한마디로 최대한 낭비 없이 최소한의 조직으로 창업팀을 구성을 했다는 것이다. 그도 그럴 것이 일손이 많으면 일이 가벼워지지만 최초에 창업팀 인원이 많다면 배가 산으로 갈 가능성이 높은 것이다. 창업자의 잘못된 판단을 바로 잡아주고, 힘들 때 도와주는 1명~2명만 있으면 그 기업은 성공할 가능성이 조금 더 높아지는 것이다. 혼자 모든 것을 감당하는 1인 창업자보다, 든든한 창업팀을 구성해서 창업하는 팀의 성장세가 실제로 더 무섭다.

그럼 필자가 분류한 각 창업 분야별(기술창업, 매장형 창업, 무점포 창업, 전문가 창업)로 창업팀 구성 방법에 대해서 알아보자.

① 기술창업

기술창업은 2~3명의 창업팀으로 시작하는 것이 가장 적절하다.

창업팀 구성의 난도가 가장 높다. 기술창업은 혼자서 불가능한 분야의 창업이기 때문이기도 하고, 최근 몸값이 높은 IT 개발자가 창업팀 내에서 필수인력이기 때문이기도 하다. 기술창업 분야에서 창업팀 구성이 쉽지는 않지만, 초기라 할지라도 직원 없이 1인 창업은 권하고 싶지 않다. 기술창업은 창업자가 열심히 실무업무도 수행해야 하지만, 어떻게 하면 발전할 수 있을지, 제품을 개선할지 등 끊임없이 생각을 해야 한다. 하지만 1인 창업을 하게 되면 비용이 줄지는 몰라도 과도한 업무 등으로 진짜 중요한 부분을 놓치기 쉽기 때문이다. 이때 성실한 직원 1명이라도 도와준다면 창업자는 조금 더 다양한 분야에서 전략을 짜는 것이 가능해지기 때문에 창업팀을 구성하도록 권하고 싶다.

특히 기술창업에서 핵심 인력은 IT 개발자인데, IT 개발자를 확보하는 데에는 두 가지 방법이 있다. 경력자를 채용하거나, 신입을 채용해서 가르치는 경우이다. 나는 돈이 많이 들더라도 경력자 채용을 추천한다. 실제로 많은 창업기업에서 신입을 채용해서 IT 업무를 가르치는데 비용도 많이 들고, 그만큼 효율성도 나오지 않는다. 특히 창업기업들의 이직 또한 잦은 편이기 때문에 후자의 방법이 그만큼 어렵다는 점을 명심하자.

② 매장형 창업

매장형 창업은 1명~2명의 창업팀으로 시작하는 것이 가장 적절하다.

우선 매장형 창업도 전문성을 바탕으로 하는 경우가 있을 것이고, 전문성보다는 관리가 중요한 경우가 있을 것이다. 전문성을 바탕으로 하는 매장형 창업이라면 창업자 본인이 전문성을 가지고 있다면 1인 창업도 무난할 것이며, 창업자가 전문성이 없다면 전문가를 채용하여야 하는데 후자의 경우는 전문가에게 휘둘릴 경우가 크기 때문에 반드시 창업자가 전문성을 갖추어야 한다. 물론 매장형 창업에서도 혼자보다는 둘이 좋지만, 이는 기술창업에서만큼 필수요소는 아니다. 그렇기 때문에 매장형 창업의 창업팀 구성은 우선 창업자 본인이 가장 전문성을 갖춘 이후, 인건비를 적게 들이면서 효율적으로 운영하는 방법을 찾아야 할 것이다.

③ 무점포 창업

무점포 창업은 1명의 창업팀으로 시작하는 것이 가장 적절하다.

무점포 창업을 하는 가장 큰 이유는 초기 창업비용이 적게 들어서이다. 그렇기 때문에 창업팀 구성에서도 보수적으로 다가가야 하는 분야의 창업 분야다. 무점포 창업에서의 창업팀 구성에서 가장 크게 신경써야 할 부분은 매출액 대비 인건비 비율이다. 물론 SOHO 창업이 1인 창업 기반으로 한 분야이기는 하나, 사람 1명을 채용함으로 인해 오히려 순수익이 더 높아진다면 1명을 채용하는 것이 바람직하다. 우선 처음에는 1인 창업으로 하되, 수익성을 따져서 추가 채용을 고려하자.

④ 전문가 창업

전문가 창업은 1명의 창업팀으로 시작하는 것이 가장 적절하다.

전문가 창업은 창업자의 전문성을 기반으로 하는 것이 때문에, 1명의 창업팀으로 시작해서 수익이 늘어나면 행정사무 인력 1명을 채용하여 효율성을 높여가는 쪽으로 창업팀을 구성하는 것이 좋다.

위와 같이 어떠한 분야의 창업 아이템이냐에 따라서 창업팀 구성이 달라진다. 마지막으로 필자가 강조하고 싶은 부분은, 어쩔 수 없는 상황이 아니라면 쉽게 사람을 채용하지 말라는 것이다. 직원 1명을 잘못 채용하면 그만큼 창업기업으로써는 타격이 상당히 크기 때문에 창업자 본인이 모든 일을 다 한다는 각오로 긍정적이고, 성실한 인재가 나타날 때까지 기다리자는 것이다. 창업에서 중요하지 않은 분야는 없지만 창업팀의 구성은 성장하기 위한 뼈대를 튼튼히 하는 것이기 때문에 역경에도 흔들리지 않는 최고의 창업팀을 구성하도록 하자.

3 전문가의 조언

처음 창업을 진행하는 초보 창업가의 경우, 창업에 대한 충분한 이해가 없이 가능할 것이라고 판단하여 예상치 못한 시행착오를 많이 겪게 된다. 시간이 지나고 보면 단돈 20만 원이면 해결될 수 있을 문제를 가지고 1년~2년 동안 시간을 소비하거나 스트레스를 받는 경우도 있고, 무엇보다 작은 것을 아끼려다 큰 것을 잃는 낭패를 당하기도 하는 것이다. 창업과 기업운영은 '정보'에 의해서 시작되고, '정보'에 의해 끝난다. 창업 노하우도 '정보'를 통해서 얻는 것이다. 그렇기 때문에 시간과 돈을 아까워하지 말고, 전문가의 조언을 아낌없이 받아들이자.

• 전문가 조언의 필요성

① 시간을 아끼자.

제대로 된 경영 전문가 혹은 경영 컨설팅 회사를 통해 1:1 전문가 창업상담을 받으면 정말 빠르게 창업에 대한 노하우를 얻을 수 있고, 시행착오를 줄일 수 있다. 직장인은 시간으로 돈을 버는 사람이고, 창업자는 돈으로 시간을 버는 사람이다. 지름길로 갈 수 있는 길을 멀리 돌아가지 않는 현명함이 필요하다.

② **창업에 대한 프로세스, 노하우를 빠르게 파악한다.**

창업이 어떻게 진행되는지 몸소 체험하면서 겪는 것은 정말 시간이 많이 든다. 하지만 전문가의 조언이 있다면 창업 프로세스, 다양한 노하우 등을 빠르게 파악이 가능하다.

③ **서류 및 행정업무, 정부과제, 사업계획서 작성 등 다양한 도움을 받자.**

창업에 필요한 서류(정관, 사업계획서 등), 행정업무, 세무회계, 정부과제 정보 등 요즘은 정부지원사업으로 모든 분야의 창업지원을 받을 수 있다. 전문가를 활용하지 않고서는 힘든 업무를 도움 받자

④ **인맥을 얻을 수 있다.**

창업지원분야에서 일하는 사람들은 전문가가 많다. 투자자, 변리사, 정부기관 사람들, 대학 창업지원부서 등 모두 알아두고, 친하게 지내면 도움이 되는 사람들이다. 전문가 지원을 받으면서 인맥도 쌓을 수 있는 것이다. 특히 이러한 전문가들과 잘 지내는 대표님들은 특별한 지원도 상당히 많이 받는다.

⑤ **영업에 대한 노하우는 전문가 컨설팅이 아니면 배우기 힘들다.**

영업사원 출신의 창업자가 아니고서, 영업에 대한 노하우는 전문가 컨설팅이 아니면 배우기 힘들다. 물론 유튜브도 있지만, 진짜 정보는 전문가 컨설팅을 통해서 얻을 수 있으므로 진짜 영업 방식을 배우고자 한다면 전문가 컨설팅을 진행하자.

⑥ **진짜 전문가에게 조언을 받자.**

돈을 많이 주고서라도 제대로 된 전문가에게 지원을 받아야 한다. 제대로 된 전문 컨설턴트나 회사는 이미 입소문이 나서 일감이 넘쳐난다. 광고에 목숨을 걸지 않아도 되고, 홍보도 하지 않기 때문에 창업자는 찾기가 힘들다. 그래도 주위 인맥을 활용하든, 인터넷 검색을 열심히 하든 반드시 진짜 전문가를 찾아서 도움을 받도록 하자.

• 창업을 지원받을 수 있는 기관들

대한민국에서 창업지원사업을 운영하는 국가기관과 민간단체는 다양하며, 이들이 제공하는 주요 창업지원사업도 매우 폭이 넓음

① **공공기관**

가. 중소벤처기업부 (Ministry of SMEs and Startups)

ㄱ. 예비창업패키지 : 창업을 준비하는 예비 창업자에게 최대 1억 원의 사업화 자금과 교육, 멘토링을 제공

ㄴ. 초기창업패키지 : 창업 초기 단계(창업 3년 이내)의 기업에 사업화 자금과 다양한 창업지원 서비스를 제공
ㄷ. 창업도약패키지 : 창업 성장 단계(창업 3년 초과 7년 이내)의 기업에 사업화 자금과 다양한 창업지원 서비스를 제공
ㄹ. 청년창업사관학교 : 만 39세 이하의 청년 창업자들에게 창업교육, 시제품 제작, 마케팅 지원
  위 창업지원사업을 찾으려면 K-STARTUP(https://www.k-startup.go.kr/)에서 찾으면 된다.
  또한 해당 사이트에 접속하면 기술지원, 판로개척, 특허 등 다양한 지원사업을 찾을 수 있으므로 적극 활용해서 무료로 지원을 받도록 하자

나. 중소기업진흥공단 (Korea SMEs and Startups Agency, KOSME)
ㄱ. 창업성장기술개발사업 : 기술 기반 창업자에게 연구개발(R&D) 자금을 지원하여 기술 혁신을 촉진
ㄴ. 소상공인 창업지원사업 : 소상공인들에게 창업자금, 컨설팅, 교육 프로그램을 제공
  위 창업지원사업을 찾으려면 중소기업진흥공단(https://www.kosmes.or.kr/)에서 찾으면 된다.
  또한 해당 사이트에 접속하면 기술지원, 판로개척, 특허 등 다양한 지원사업을 찾을 수 있으므로 적극 활용해서 무료로 지원

을 받도록 하자.

다. 기술보증기금 (Korea Technology Finance Corporation, KOTEC)

기술창업지원 프로그램: 기술 기반 창업 기업을 대상으로 기술 보증과 자금 지원, 벤처캐피탈 연계 프로그램: 유망한 기술 창업 기업을 대상으로 벤처 캐피탈과의 연계를 통해 투자 유치 지원

라. 특허청 (Korean Intellectual Property Office, KIPO)

창업자의 지식재산권 출원 및 관리, 사업화에 필요한 지원을 제공

마. 한국벤처투자 (Korea Venture Investment Corporation, KVIC)

ㄱ.모태펀드: 벤처캐피탈에 투자 자금을 제공하여 기술 창업 기업에 투자하는 펀드.

ㄴ.벤처캐피탈 펀드 조성: 민간 벤처캐피탈과 공동으로 펀드를 조성하여 기술 혁신 기업에 투자

바. 한국엔젤투자협회 (Korea Business Angels Association, KBAA) : 엔젤투자 매칭펀드 – 초기 창업 기업에 투자하는 엔젤투자자와 정부 자금을 매칭하여 투자

사. 대한상공회의소 (Korea Chamber of Commerce and Industry, KCCI) : 창업경진대회 및 멘토링 프로그램 – 창업 아이디어 공모전과 멘토링 프로그램을 통해 창업자에게 네트워킹 기회와 자문 제공

아. 소상공인시장진흥공단 : 소상공인 육성과 전통시장·상점가 지원 및 상권 활성화를 위해 설립된 대한민국 중소벤처기업부 산하의 위탁집행형 준정부기관으로 소상공인과 전통시장을 보다 체계적이고 효과적으로 지원하는 기관

② 투자기관

가. 창업기획자 : AC(Accelerator)
초기창업자에 대한 전문보육 및 투자를 주된 업무를 하는 영리 또는 비영리 기관이다. 주로
예비 창업단계~초기창업단계 투자와 지원을 하는 기관으로, AC에게도 적극적으로 창업에 대한 조언을 구해야 한다.

나. 창업 투자회사 : VC(Venture Capital)
벤처투자를 주된 업무로 하는 회사로, 주된 투자대상은 스타트업이나 상장을 앞둔 벤처기업이다.
창업 투자 단계 중 예비 단계 창업 투자를 하기 보다는 초중~후기 창업기업을 대상으로 투자를 한다. 한마디로 어느 정도

매출액, 기술이전 등 실적이 뒷받침 되어야 VC로부터 투자가 수월하다.

VC 심사역은 창업에 대해서 전문성을 가진 집단으로, 창업기업은 VC 심사역으로부터 분야별 다양한 조언을 얻을 수 있다.

다. 사모펀드 : PEF(Private Equity Fund)

소수의 투자자로부터 자금을 모아 주식, 채권 등에 투자하는 펀드로 고수익기업투자펀드라고도 한다. 사모펀드는 VC와는 달리 이미 궤도에 올라와 있는 회사나 실적을 내는 회사에 대한 투자를 선호한다.

라. 신기술사업금융회사

중소 신기술사업자에게 투자 또는 융자를 해주는 금융회사이다. 창업 7년 이내의 중소기업에 투자 뿐만 아니라 융자업무도 겸한다는 점에서 일반 투자사와 차별성이 있다.

마. 개인투자조합

개인 등이 벤처투자와 그 성과의 배분을 주된 목적으로 결성하는 조합이다.

바. 벤처투자조합

중소기업창업투자회사 등이 벤처투자와 그 성과의 배분을 주된 목적으로 결성하는 조합이다.

사. 유한책임회사 : LLC(Limited Liability Company)

주주가 경영자이자 심사역(벤처캐피탈리스트)인 형태의 투자회사이다. 주로 미국, 중국 등 벤처투자 선진국에서 활발하게 이루어지는 벤처투자의 한 형태이나 우리나라는 아직 많지 않다. LLC의 형태로 투자에 참여할 경우 책임을 지는 주주이자 심사역에 의존하여야 하는 구조적 문제와 국내 상법에 따라 상장이 불가능한 단점이 있다.

③ 전국 창업보육센터

가. 대학 창업보육센터

전국 대학에 설치되어있는 창업보육센터로, 주로 창업공간을 지원하며 다양한 정부사업을 연계해준다. 사무실 공간 사용이 주변 시세보다 저렴한 경우가 많아서 적극 활용하기를 바란다.

나. 서울시 창업지원시설

서울시에서 운영하는 창업지원시설로, 창업공간을 거의 무료로 제공하고, 지자체 지원사업, 대기업협력프로그램, 투자 연계 등 다양한 지원프로그램을 제공한다. 소재지가 서울이라면 서울시 창업지원시설 기관을 적극 활용하자.

다. 분야별 창업지원 전문기업

기술사업화 전문회사, 시장조사 전문기관, 특허법인 등 시장조사, 마케팅, 특허 분야의 다양한 지원을 하는 전문기업들이다. 기업에서 직접 자금을 지불하는 형태보다는 주로 정부과제와 연계하여 무료로 제공하는 곳들이 많으므로 필요한 분야의 지원을 받을 수 있도록 다양한 지원사업을 많이 알아두자.

소비자 데이터 조사(시험판매, 구매의향조사, 인터뷰, 인터넷 검색 활용)

원래 소비자 데이터 조사 방법은 상당히 다양하나, 우리 창업자 분들은 학문적으로 다가갈 필요가 없다. 소비자 데이터를 조사하는 이유가 나의 아이템을 소비자들이 얼마나 좋아하느냐를 알아보기 위함으로, 상당한 시간과 비용을 들여서 다양한 소비자 데이터 조사를 한다고 해도 그 정확도가 100%라고는 장담을 할 수 없기 때문이다. 또한 현재 단계는 창업 전 단계인, 창업 준비 단계이기 때문에 아이템이 완벽하지 않은 상태다. 즉, 창업 후에도 지속적으로 아이템을 개선해나가야 하기 때문에 소비자 데이터 조사를 너무 정확하게 하려고 시간을 허비하지 말자는 것이다. 그럼에도 불구하고 소비자 데이터 조사는 창업자가 나중에 IR을 하거나, 사업계획서를 작성할 때, 백데이터가 되기 때문에 설득력 있는 데이터를 만들기 위해서 다양한 계층, 연령대의 사람들을 대상으로 조사하여야 한다.

필자는 이러한 이유로 대표적인 소비자 데이터 조사 방법 4가지만 언급하려고 한다.

• 시험판매

　이 소비자 데이터 조사 방법은 창업 아이템이 거의 완성단계에 이르렀을 경우에 가능하다. 즉 창업 아이템을 소비자에게 무상 또는 유상으로 제공해보는 것인데, 필자는 실제 판매하고 싶은 가격에 판매를 해보라고 권하고 싶다. 그 이유는 무상으로 제공하면 실제 내 창업 아이템이 효용성이 있는지 데이터를 얻는 게 쉽지 않기 때문이다.

　시험판매의 대표적인 사이트는 아래와 같다

　① 와디즈 : https://www.wadiz.kr/

　② 텀블벅 : https://tumblbug.com/

　③ 해피빈 : https://happybean.naver.com

　④ 카카오메이커스 : https://makers.kakao.com

　각 사이트별 특징은 아래와 같다

	와디즈	텀블벅	해피빈	카카오메이커스
수수료	10%~20%	8%~18%	수수료 0%	약 30% 내외
특징	펀딩, 프리오더, 스토어, 스쿨, 지적재산권 보호	공개 예정 서비스, 후원자의 메시지, 커뮤니티	개인의 영리만을 목적으로 하는 경우 개설 불가	카카오톡을 통한 노출률이 높음
펀딩 종류	보상형 펀딩 증권형 펀딩	보상형 펀딩	기부형 펀딩	보상형 펀딩
소비자층	30~40대 남성	10~20대 여성	30~50대 남녀	40~50대 여성

이 시험판매에서 가장 중요한 것이 바로 데이터를 얻어내는 것이므로, 시험판매를 하고 나서 후기를 잘 챙기는 것이 더 중요하다. 그 후기를 통하여 내 창업 아이템을 발전시킬 수 있기 때문이다.

• 구매의향조사

구매의향조사는 리서치의 한 방법이다. 즉, 물건을 이용할 의사가 있는가, 이용하기 싫다면 그 이유는 무엇인가 등등 리서치 항목을 만들어서 소비 대상자에게 의향을 조사하는 것이다. 이 조사방법의 핵심은 바로 리서치 항목인데, 이 리서치 항목을 어떻게 구성하느냐에 따라서 얻을 수 있는 데이터는 천차만별이다.

예를 들어 단순히 "내 물건을 이용할 의사가 있는가?"로 질문하는 것과 "내 물건의 가격이 얼마면(예시로 만 원, 이만 원, 삼만 원 등 항목 구성) 구매할 의사가 있는가?"로 질문하는 것은 천지 차이인 것이다. 한마디로 구매의향조사는 미리 내가 얻고자 하는 데이터를 리서치 항목에 잘 녹여내는 것이 핵심이라 하겠다.

아래는 오픈서베이에서 진행했던, 구매의향조사이다. 구매의향조사 대행업체도 다양하니 참고하여 외부 전문가에게 맡기는 것도 한 가지 방법이다.

설문 방법

문항 흐름
- 전반적 호감도
- 필요성
- 차별성
- 구매 의향 (가격 제시 전)
- 구매 의향 (가격 제시 후)

한 응답자는 1개 가격에
대해서만 구매 의향 응답

이 방식의 한계
- 테스트할 수 있는 price point 개수가 제한됨. 일반적으로 하나의 price point당 응답자 300명을 권장하는데, 5개가 되면 1500명이 필요함.
- 구매 의향 수준이 over-state 되는 경향이 있음. 지금 소비자 지갑에서 돈이 나가는 상황이 아니고 경쟁이 고려되지 않았기 때문. 이에 보정을 위해 weight factor를 통해 adjusted purchase intent를 산출함.

opensurvey

• 인터뷰

각 조사방법이 장단점이 있지만, 인터뷰의 가장 큰 장점은 고객의 실제 반응을 직접 알 수 있다는 것이다. 이 조사방법의 핵심은 바로, 누구에게 인터뷰 하는 것인가이다. 사람마다 성향이 다르고, 나이도 다르고, Needs가 다르기 때문에, 정말 다양한 사람들(연령, 성향, 성별 등)을 대상으로 인터뷰를 해야 정확하게 창업 아이템에 대해서 조사할 수 있다. 또한 인터뷰 항목도 중요하다. 다음을 참고해서 인터뷰를 진행해보자

① 이 아이템을 얼마에 구매할 의향이 있으신가요? 있다면 얼마에 구매하실 생각이신가요?

② 구매할 의향이 없다면, 그 이유는 무엇인가요?

③ 다른 경쟁사 제품에 비해서 장점(경쟁력)이 무엇이라고 생각하
　 나요?

④ 다른 경쟁사 제품에 비해서 단점이 무엇이라고 생각하나요?

⑤ 창업 아이템에 대한 전반적이고, 솔직한 의견을 가감 없이 말씀
　 해주십시오

대략 항목은 이러한데, 창업자 본인이 가장 궁금한 내용 위주로 물어보면 되는데, 내가 필요한 데이터를 얻기 위하여 항목을 잘 구성하자.

그렇다면 인터뷰를 통해서 창업자가 얻을 수 있는 이점은 어떠한 것이 있을까?

우선 첫 번째로, 고객에 대해서 더 깊은 이해가 가능하다. 인터뷰를 통해 고객의 요구사항, 문제점 및 선호도를 보다 심층적으로 파악할 수 있으며, 후속 질문을 하고, 더 많은 정보를 조사하고, 고객의 맥락과 의사 결정 과정을 더 잘 이해할 수 있도록 해준다. 반면, 설문은 수집할 수 있는 정보의 양이 제한적이며 많은 통찰력을 제공하지 못할 수 있다.

두 번째로, 다양한 상황에 대한 질문이 가능하다. 인터뷰는 질문할 수 있는 질문과 대화 형식 면에서 설문 조사보다 유연하다. 인터뷰는 정형, 준정형 또는 비정형일 수 있으며, 직접 만나거나, 전화 또는 온라인으로 진행할 수 있는데, 이를 통해 스타트업은 인터뷰 과정을 고객의 특정 요구에 맞게 조정할 수 있는 반면, 설문 조사는 일반적으로 더 체계적이고, 질문 세트가 고정되어 있으며, 다양한 상황에 대응하기 어렵다.

세 번째로, 고객과의 관계 구축이 가능하다. 인터뷰를 통해 스타트업은 고객과의 관계와 신뢰를 구축할 수 있다. 이는 새로운 제품이나 서비스를 검증하고 고객의 요구를 이해해야 하는 스타트업에게 특히 중요한데, 인터뷰를 통해 스타트업은 고객의 말에 귀를 기울이고 있으며 고객의 요구에 맞는 제품이나 서비스를 개발하는 데 전념하고 있음을 입증할 수 있다. 반면, 설문 조사는 더 비개인적인 경향이 있고 같은 수준의 참여를 촉진하지는 않는다.

네 번째로, 비용 효율적이다. 특히 창업 초기에는 설문 조사보다 인터뷰가 비용 효율적일 수 있다. 설문 조사는 더 큰 표본 크기를 요구하는 경향이 있으며, 시간이 오래 걸리고 비용이 많이 들 수 있는 더 큰 그룹의 사람들에게 관리되어야 할 수도 있는 반면에 인터뷰는 적은 인원으로 진행할 수 있고 스타트업의 구체적인 요구에 더 초점을 맞출 수 있다.

• 인터넷 검색 활용

소비자 데이터 조사를 하는 마지막 방법으로는 인터넷 검색 활용이 있다. 이는 다른 소비자 데이터 조사 방법들(시험판매, 구매의향조사, 인터뷰) 전, 후로 보조적인 방법으로 활용하는 것이 가장 좋다.

인터넷 검색 활용의 장점은 우선 비용이 들지 않고, 공인된 정보까지 얻을 수 있다는 점이다. 최근 다양한 검색 엔진들이 있는데, 구글, 네이버 챗GPT를 활용하면 웬만한 정보는 다 얻을 수 있으므로 우선 이에 대한 정보를 최대한 활용하여야 한다. 특히, 창업지원 전문기관 등 공인된 기관에서 조사한 자료들은 상당한 시간과 돈을 들여서 조사한 것이므로 이러한 오픈소스를 무료로 활용하여야 한다. 다만, 다양한 정보 중, 불확실하거나 개인의견에 가까운 정보들은 적당히 걸러낼 줄 알아야 한다.

하지만 인터넷 검색 활용 정보는 어디까지나 보조적인 방법으로 활용하여야 하는데, 이는 인터넷 검색 활용정보는 창업자에게 맞춤형으로 조사를 진행한 것이 아니다 보니 데이터를 적당하게 가공하는 것이 필요한 것이다. 그래도 대략적인 시장 분위기와 소비자의 분위기를 먼저 살펴보는 데는 최적의 방법이기도 하다.

5 지분구성

필자는 창업자에게 주식 지분은 목숨과도 같다고 생각한다. 창업의 준비과정에서 지분구성에 대한 전략을 반드시 완벽하게 짜라고 권하고 싶다. 이 지분구성을 잘못하게 될 경우 창업자는 의욕을 상실해버리게 된다. 지분구성에 대해서 실제 사례를 하나 소개한다. 일전에 대학교에서 같이 공부하던 세 명의 학생이 창업 아이템을 발굴하여 창업을 했다. 이때 세 명은 지분구성을 자본금 투자비율 대로 했었다.

A: 50%, B: 25%, C: 25% 이렇게 구성을 했었는데, 실제로 사업 운영은 A의 창업자가 처음부터 끝까지 다 노력해서 키우기 시작했고, 초반에 B, C는 해외에서 공부를 하려고 사업에 참여하지는 않고, 유학을 가게 된다. 이에 A는 B와 C에게 창업 활동을 계속할 의사가 없다면 자본금을 돌려줄 테니 지분을 빼라고 했는데, B는 지분은 뺐으나, C는 거절을 하게 된다.

현재 이 사업장 매출액은 50억 원을 넘기고 있는데, C의 지분은 사업에 기여한 바도 없는데 계속 남아있어, A 대표는 정말 이 사실 하나만으로 매일 잠도 못 이루고, 정신과 치료까지 받게 된다.(물론, A 대표가 자본금 추가 납입, 투자 등을 통해서 C의 지분을 희석시키기 위한 노력을 많이 했다.) 이러한 사례가 생각보다 주위에서 계속 일어나는 이유는, 창업자가 생각보다 지분의 중요성을 잘 모르기 때문이라고 생각한다.

필자는 창업자에게 적정지분이 있다고 생각한다. 후속 투자 등을 생각한다면 1인 창업으로 시작한다면 창업 초기에는 최소 90 % 이상이 적정하다고 보고, 2인 이상의 창업팀으로 구성하고자 한다면 67% 이상(2/3 이상 주주, 상법상 특별 결의 사항 단독 결정 가능)으로 하되, 다른 대표자가 배신을 할 경우를 대비해서 다른 공동창업자가 사업에 큰 해를 끼치거나, 사업에 직접 참여를 하지 못할 경우에 지분을 소액만 남기고 빼는 계약을 체결하도록 하는 것이 안전하다. 정말 전망이 밝은 아이템이라면 후속투자로 인해서 어쩔 수 없이 대표의 지분이 계속 줄어들게 되어있지만, 창업자라면 이때에도 경영권 방어를 위해서 끊임없이 지분확보를 위한 노력을 게을리 해서는 안 된다.

▣ 지분율에 따른 주주 권한 분석

(1) 1% 이상 주주

주주제안권 행사: 주주총회에서 안건을 상정할 수 있음 (상법 제363조의2)

주주대표소송 제기: 이사의 불법행위로 인한 회사 손실 발생 시 대표소송 제기 가능 (상법 제403조)

배당권 행사: 회사가 배당을 실시할 경우 배당금 지급 요청 가능

재무제표 열람권: 회사의 경영성과 및 재무제표 검토 가능

(2) 3% 이상 주주

감사위원 선임 및 해임 요청 가능: 기업 내 감시 역할을 수행하는 감사위원 선출에 개입 가능 (상법 제382조의2)

주주총회 소집 청구 가능: 기업의 주요 의사결정을 논의하는 주주총회 개최 요청 가능 (상법 제366조)

이사회 및 주주총회 회의록 열람 가능: 회사 운영의 투명성 확보 가능

(3) 5% 이상 주주

임시주주총회 소집 가능: 기업 경영과 관련하여 주요 의사결정을 논의하기 위한 임시주주총회 요청 가능

경영 관련 주요 안건 제안 가능: 기업의 전략 및 정책에 직접적인 영향을 미칠 안건 제출 가능

기업 내부 정보 요청 가능: 주주의 정당한 정보 요구에 대해 기업이 응답할 의무 발생

(4) 10% 이상 주주

기업 주요 경영 사항에 대한 직접 제안 가능: 이사회 구성 변경, 주요 사업 투자, 경영

진 변경 요구 가능

대규모 투자 및 주요 자산 처분 승인 요청 가능

자사주 매입 결정 및 주요 정책 방향 설정에 대한 영향력 증가

적대적 인수·합병(M&A) 시 방어권 행사 가능

(5) 25% 이상 주주

특별 결의 저지 가능: 주총에서 정관 변경, 기업 합병, 영업양도 등 특별 결의에 대한 거부권 행사 가능 (특별 결의는 75% 이상의 찬성이 필요)

대주주의 독단적 경영 의사 결정에 대한 견제 가능

경영진 견제 및 전략적 의사결정에 대한 영향력 행사 가능

(6) 33.4% 이상 주주

특별 결의 저지 가능: 회사의 합병, 정관 변경, 대규모 투자 등의 특별 결의를 막을 수 있음

기업 지배구조에 대한 중대한 견제 역할 수행 가능

(7) 50%+1주 (과반수 주주)

경영권 완전 장악 가능: 주주총회에서 모든 일반 결의 사항에 대한 단독 의결권 행사 가능

기업의 주요 전략 결정 및 지배구조 변경 가능

재무구조 개편 및 대규모 자본 조달 가능

기업의 합병, 해산, 청산 등을 단독으로 결정 가능

(8) 66.7% (2/3 이상 주주)

상법상 특별 결의 사항 단독 결정 가능: 기업 합병, 분할, 정관 변경, 주요 사업 매각 등의 의사결정 가능 (상법 제434조)

경영진 및 주요 임원의 해임 및 선임 결정 가능

기업 정책 및 장기 경영 전략 설정 가능

기업의 경영 구조 개편 및 주요 사업 방향 전환 가능

(9) 100% 주주 (완전 소유주)

기업의 모든 경영권을 독점적으로 행사 가능

주주총회 없이 모든 경영 및 운영 관련 사항 결정 가능

기업의 공익법인 전환, 청산, 지배구조 변경 자유롭게 결정 가능 주식 보유 비율에 따라 주주가 행사할 수 있는 권한은 다음과 같이 구분됩니다.

▣ 지분율 변화에 따른 주요 시나리오 분석

(1) 경영권 방어 및 적대적 인수합병(M&A) 대비

5% 이상 주주: 주총 소집 및 소송을 통해 경영권 방어 가능

10% 이상 주주: 이사회 참여 가능, 방어 전략 마련 가능

30% 이상 주주: 실질적 경영권 장악, 적대적 인수 시 방어권 강화

50% 이상 주주: 완전한 경영권 확보로 외부 위협 최소화

(2) 기업 인수·합병(M&A) 및 공개매수(TOB)

30% 이상 보유: 타사 인수 시 주요 주주로서 협상 가능

50% 이상 보유: 완전한 경영권 확보 후 인수 진행 가능

67% 이상 보유: 기업 구조 조정 및 합병·분할 진행 가능

▣ 법적 규제 및 의무

주주가 일정 지분율을 초과할 경우 법적 의무가 발생합니다.

5% 이상 보유 시: 금융감독원에 보유 내역 신고 의무 발생

10% 이상 보유 시: 공정거래법상 대기업집단 지정 가능성

30% 이상 보유 시: 기업결합 심사 대상 가능성 증가

50% 이상 보유 시: 법적으로 지배주주로 인정, 책임 강화

▣ 결론

2025년 기준으로 주식회사 지분율에 따른 권한은 법적 규제와 경영권 행사 측면에서 다양한 영향을 미친다. 주주는 자신의 지분율에 맞는 권한을 적극 활용하고, 법적 의무를 준수해야 하며, 경영권 확보 및 방어 전략을 철저히 계획하는 것이 중요함

앞의 지분에 따른 주주 권한분석을 보면 어떠한 생각이 드는가? 실제 창업자분들도 이러한 주주의 권한구조를 잘 판단하지 않고, 투자를 받는다. 그러나 지분을 5% 이상을 가지고 있는 주주가 "기업 내부 정보를 요청하는 것"이 가능하므로 이러한 권한을 악용하여 회사를 끊임없이 괴롭힐 수도 있다는 사실을 명심하기 바란다.

6 자금조달 및 투자 결정

　자금조달은 크게 네 가지로 나누자면, 내 돈(자기자본), 투자자금, 대출금, 정부지원금으로 나눌 수 있다. 여기에서 대출금과 정부지원금을 구분하자면 대출금은 갚아야 하는 돈이라면, 정부지원금은 갚지 않아도 되는 돈이라 생각하자.

　나는 창업주기 별, 자금조달의 원천 구성이 달라야 한다고 생각한다.

자금조달 원천	창업 후 2년 미만	창업 2년~4년	창업 4년~6년	창업 7년 이상
자기자본	90%	80%	70%	65%
투자자금	5%	10%	15%	20%
대출금	0%	0%	5%	5%
정부지원금	5%	10%	10%	10%

　필자가 생각하는 건전한 자금조달 유형이다. 사실 이대로 자금조달이 반드시 이루어 질 수는 없다. 특히, 기술창업 같은 경우 정부지원

금 비율이 80~90%를 차지하는 경우도 많기 때문이다. 여기서 필자가 말하고자 하는 것은 대출금은 최소화하여 건전한 자금을 많이 운영할수록 성공확률이 높아진다는 것이다.

- **자금조달**

위의 기준과는 별도로 내 돈(자기자본) 이외에 자금을 어떻게 조달할 수 있는지는 다음 표를 확인하자

구 분	내 용
지원자금	시설공간 지원, 지식재산권 지원, 시제품제작 지원, 컨설팅 지원, 사업화 지원
출연자금	창업성장기술개발 창업기업과제, 창업성장기술개발 기술창업투자연계
융자자금	기술보증, 신용보증, 일반창업자금, 청년전용 창업자금
투자자금	엔젤, 액셀러레이터(창업기획자), 크라우드펀딩, 벤처 캐피탈

여기에서 또 강조하고 싶은 것은 최대한 정부지원금을 활용하자는 것이다. 책 내용 위쪽에 설명했듯이, 갚지 않아도 되는 정부지원금 순수익이다.

위에도 내용이 있지만 다시 한번 강조한다. 네이버페이 마이비즈를 활용해서 정부지원금을 꼭 확인하자!

※ 네이버페이 마이비즈 : https://mybiz.pay.naver.com/subvention/search

① **정부지원금**

우선 스타트업은 중앙정부, 지자체 정부 기관에서 창업지원금을 받을 수 있는데, 중소벤처기업부, 정부부처 진흥원, 지자체 진흥원 등 여러 기관이 창업 기업에게 지원금을 지원하고 있다.

예비~초기 창업기업을 위한 자금 지원이 다수이며, 멘토링이나 외부투자유치를 연계하는 경우도 많다. 다음 링크를 활용해보자

※ K스타트업 : https://k-startup.go.kr
※ 스타트업 플러스 : https://www.startup-plus.kr/

② 정책자금융자/보증(대출)

정책 자금이란, 자금 조달이 어려운 개인/중소기업에게 정부의 재원으로, 은행을 거쳐 저금리로 자금을 지원하는 것을 의미하는데, 정부의 보증기관(기술보증기금, 신용보증기금)으로부터 보증서를 받아서 시중 은행에서 융자를 지원받을 수 있다.

또한 중소벤처기업진흥공단(중진공)의 정책자금 융자가 있다. 중진공 자금은 대출 조건이 비교적 유리한 반면, 심사 과정이 까다롭고 예산 소진이 빠르다는 특징이 있다. 창업 초기 단계, 성장기, 재도약기 등 스타트업의 성장 단계에 따라 자금을 구분해 운용하고 있어 인기가 높은 편이다. 필자는 이 부분에서 창업자가 대출 조건을 꼼꼼히 살펴볼 필요가 있다는 점을 강조하고 싶다.

창업자가 대출 조건에서 가장 주요하게 보아야 할 점은 법인사업자의 경우, 개인 채무로 전환이 되는가, 아니면 개인 채무로 전환이 되지 않는가이다. 위 기술보증기금에서 제공하는 융자 중 일부는 개인채무로 전환하지 않는 융자가 있다. 한마디로 내가 법인사업자를 운영하다가 폐업하였을 경우, 개인인 창업자가 그 융자를 갚지 않아도 된다는 이야기이다. 하지만 사업을 다시는 하지 않는 경우라면 몰라도, 융자 문제를 다 해결하고, 다시 사업을 해야 한다는 점을 명심하자.

〈중소벤처기업진흥공단 정책자금〉

• 융자(4조 5,469억원), 이차보전(7,970억원)
• 기업 성장단계별 특성과 정책목적에 따라 5개 세부 자금으로 구분하여 운영

창업기	**지원방향** • 창업 및 시장진입 • 성장단계 디딤돌 **지원사업** • 혁신창업사업화 : 창업기반지원, 개발기술사업화 • 긴급경영안정자금 : 일시적애로 및 재해/일반경영안정지원
성장기	**지원방향** • 성장단계진입 및 지속성장 **지원사업** • 신성장기반: 혁신성장지원, Net-Zero 유망기업 지원, 제조현장 스마트화, 스케일업금융 • 신시장진출지원자금: 내수기업의 수출기업화, 수출기업의 글로벌기업화
창업기	**지원방향** • 재무구조개선 • 정상화/퇴출/재창업 **지원사업** • 재도약지원 : 사업전환(무역조정)/재창업/구조개선전용

중진공 지원규모_이미지 출처: 중소벤처기업진흥공단 홈페이지

〈중소벤처기업진흥공단 정책자금 신청 절차〉

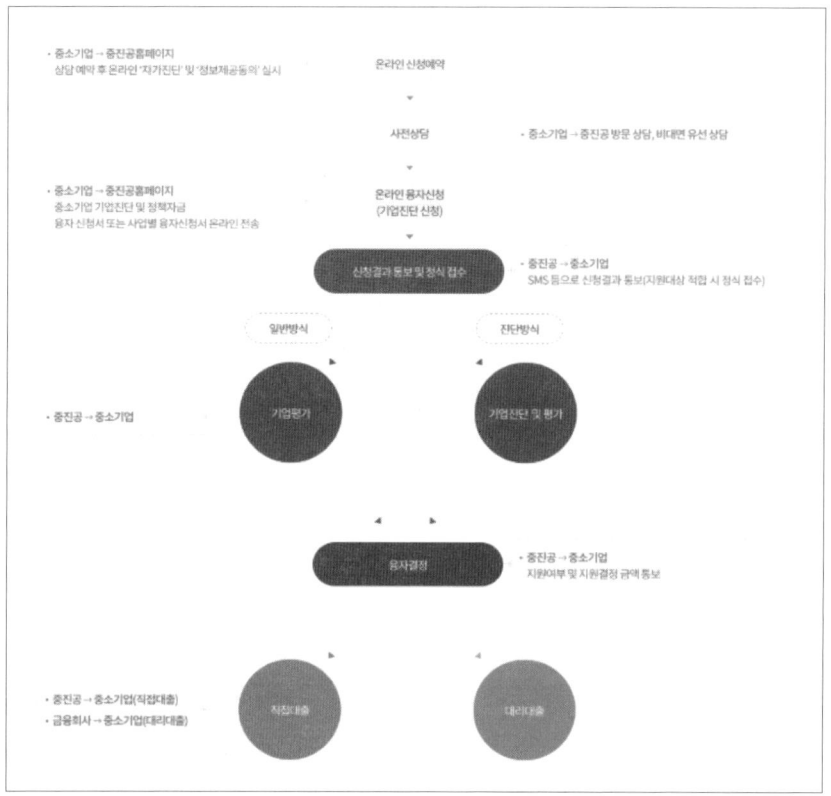

중진공 신청 절차_이미지 출처: 중소벤처기업진흥공단 홈페이지

③ 정부 출연금(R&D)

정부가 일정한 조건을 갖춘 기업에게 지원 자금을 제공하는 제도이다. 이를 정부 출연금이라고 하는데, 기술개발이 필요한 기업에게 해당 지원을 하는 경우가 많다. 대표적으로는 창업성장기술개발사업과 TIPS 프로그램이 있다. 둘 다 중소벤처기업부의 지원 프로그램으로 필자가 분류한 창업분야 중 기술창업기업이 R&D 자금을 지원받을 확률이 높다.

특히, '한국의 실수'라고 불리는 TIPS 프로그램은 그 기업이 기술력을 어느 정도 가졌는지 없는지의 척도이기도 하다.

2025년도에는 사업 내용이 조금 바뀌었으므로 해당 부분을 확인해보자.

기존에는 디딤돌·TIPS 두 가지 내역 사업 중심이었지만, 이번에는 신산업 분야 기술창업기업은 창업 10년 이하까지 지원하고, 글로벌 TIPS(3년, 12억) 등이 새로 생겼다.

디딤돌 사업은 최대 지원기간이 1년에서 1.5년으로 늘어났고, 지원한도도 1.2억 원에서 최대 2억 원으로 확대됐고, TIPS 프로그램은 글로벌 혁신기업을 키우기 위해 글로벌 TIPS(최대 3년, 12억) 프로그램이 추가되었고, 딥테크형 TIPS(3년, 15억)도 그대로 운영된다.

지원 대상은 창업 후 7년 이하(단, 신산업 분야 기술창업기업은 10년 이하)면서 매출 20억 원 미만이면 신청 가능

구 분	내 용	내 용
창업성장 기술개발 (R&D)	(내역사업) 디딤돌, TIPS (지원규모) 1,765개 기업, 1,284억원 (지원내용) - (디딤돌) 창업 7년 이하, 매출액 20억 원 미만 중소기업 지원 - (TIPS) 일반형, 딥테크 TIPS 지원	(내역사업) 디딤돌, TIPS (지원규모) 1,050개 기업, 1,150억원 (지원내용) - (디딤돌) 지원규모* 및 신산업 창업기업 지원업력** 확대 * 지원규모 확대 : ('24) 1년, 1.2억→ ('25) 1.5년, 2억 **신산업 분야 기술창업기업(신산업 창업분야에 관한 규정 제3조제1항 준용에 한해 창업 10년까지 지원 - (TIPS) 글로벌 혁신기업 육성을 위한 글로벌 TIPS(3년, 12억원) 신설

지원조건은 아래와 같다.

가. 디딤돌 : 최대 1.5년, 2억 원, 정부 출연금 비율 75% 이내

나. TIPS : 일반형(최대 2년, 5억), 딥테크(최대 3년, 15억), 글로벌
(최대 3년, 12억)

공통적으로 자유 공모 또는 품목지정 형태로 신청하며, 선정 후 R&D 자금을 지원받게

지원 규모 및 내용은 전체적으로 1,050개 과제를 선정해 약 1,150억 원을 지원할 계획이다.

디딤돌은 350개 내외, TIPS는 700개 내외로 나누어 뽑고, 창업기업이 기술개발을 통해 빠르게 스케일업하도록 돕게 된다.

내역사업		개발기간 및 지원한도	정부출연금 비율	정부출연금 비율
디딤돌		최대 1.5년, 2억원	75% 이내	자유공모. 품목지정
TIPS	일반	최대 2년, 5억원		
	딥테크	최대 3년, 15억원		
	글로벌	최대 3년, 12억원		

각 절차는 아래와 같다.

① 디딤돌(세부추진절차는 각 공고에서 확인)

② TIPS

④ **대출(민간), 투자유치**

대출은 시중은행에서 창업자 신용/담보를 기반으로 대출하는 것으로 높은 이자 부담과 대출과정이 어려우므로 이러한 자금조달은 정말 마지막에 검토되어야 하는 방식이다.

또한 투자유치로 자금을 조달하는 방법인데, 투자유치 또한 매우 신중해야 한다. 그 이유는 위의 내용 5장 지분구성에서 보았듯이 투자유치를 받으면서 지분을 많이 잃게 되면 창업자 입장에서 여러 가지로 힘들어지는 부분이 많다. 반드시 지분구성에 따른 제약을 살펴보고, 우호적인 투자를 받도록 하자.

• 투자 결정

창업 초기에는 창업지분에 대한 가치가 상대적으로 저평가되어 있기 때문에 적은 투자금임에도 큰 비율의 지분을 줄 수 밖에 없기 때문에 투자도 정말 신중하게 생각해야 하는 것이다. 처음에 투자 비율이 높아서 창업자의 지분이 작아진다면 바로 위 내용(지분구성)에서 언급했던 문제점들이 발생할 수 있기 때문에 항상 신중히 하자.

창업자들이 가장 많이 투자받는 유형은 벤처캐피탈과 엔젤투자인데, 비교해보면 다음 내용과 같다.

구분	벤처캐피탈	엔젤
투자단계	창업 후 주식공개에 이르는 후기 성장단계 선호	사업구상 단계 또는 초기 성장단계 선호
투자 동기	고수익성	고수익성, 친분, 인맥, 인연 중시
지원 내용	자금지원 중심	자금지원 및 다양한 전문 노하우 제공
투자 재원	투자자 모집으로 펀드 조성 (펀드 규모가 상대적으로 큼)	개인 자산, 투자 클럽 (펀드 규모가 작음)
자격 요건	일정 법적 자격요건 존재	자격 요건 제한 없음, 경우에 따라 법적 요건 요구됨

※ 출처 : 김병균, 벤처산업의 미래전략, 21세기 북스, 2001, p.71 재편집

• 기업의 성장단계별 자금조달

창업기업은 성장단계별로 맞이하게 되는 여러 차례의 심각한 자금난을 맞이하게 된다. 즉, 창업 초기의 개발단계 자금수요, 이어서 사업화 단계의 자금수요, 그리고 초기투자자들이 투자자금을 회수해나가

려는 시기의 대체자금 수요 등에 대해 단계별로 가능한 적정 자금조달 수단을 활용해서 효과적으로 대처해나가야 한다.

① 창업단계

창업단계에서는 필요한 자금을 주로 자기자본에 의존할 수밖에 없는데, 창업자가 자기자금과 동업자·친지·엔젤 등 개인적인 관계로 연결되는 투자자로부터의 출자금을 활용하여 창업하게 된다. 그러나 외부금융이 전혀 불가능한 것은 아니다. 창업기업의 기술력과 미래성장성을 관계 요로에 잘 설득시킬 수 있다면 중소기업진흥공단의 창업기업지원자금과 기술보증기금의 보증지원 등 정책금융 및 보조금 등에 의한 자금조달이 가능하다. 아직 제도가 미비하여 활성화되지 못하고 있지만 크라우드펀딩도 창업단계 기업에 매우 유용한 자금조달 통로가 될 수 있다. 또한 매출이 발생하여 매출채권을 갖게 된다면 매출처인 구매기업의 신용을 기초로 해당 매출채권을 담보로 해서 단기운영자금을 조달할 여지도 있다. 아울러 제공할 수 있는 담보가 확실하다면 기업의 신용도와 상관없이 일반 금융기관으로부터의 차입도 막혀있는 것만은 아니다.

② 성장단계

기업이 창업단계에서 성장단계로 진입하는 시기에 가장 먼저 관심을 보이는 외부 투자자(금융기관)는 벤처캐피탈 등이 될 것이다. 벤처캐피탈은 상대적으로 높은 리스크를 감수하면서 투자기업의 주식가치 상승과 신규상장(IPO)을 기대하면서 보통주·전환사채(CB)·

신주인수권부사채(BW)·상환전환우선주(RCPS) 인수 등 자본차익(Capital gain)을 추구하는 방식의 투자를 제안하게 될 것이다. 더불어 매출의 성장세가 지속되면서 구체화된 영업실적과 재무상태에 대한 신뢰를 바탕으로 좀 더 다양한 정책금융을 수혜 받을 자격과 여건도 갖추게 된다. 신용보증기금·기술보증기금의 보증지원 하에 은행권 일반대출이나 한국무역보험공사의 수출신용보증부 무역금융 대출 등을 용이하게 활용할 수도 있다. 물론 코넥스 시장에 상장도 가능하고 이후 코스닥 시장으로의 이전상장도 기대할 만하다. 한편 신용보증기금·기술보증기금의 정책보증을 근간으로 발행되는 유동화증권인 Primary-CBO에 편입되어 회사채를 발행할 수 있는 기회도 가질 수 있을 것이다.

③ 성숙단계

성숙단계에서는 자금조달 가능 여부보다는 금융비용과 기타 조건에 더 관심을 가지게 될 것이다. 안정적인 매출과 지속적인 성장이 검증된 만큼 금융권에서 경쟁적으로 대출 세일을 할 수도 있다. 높은 신용등급이 필요한 회사채·CP·전자단기사채 등을 발행하고 은행 등 일반 금융기관으로부터는 담보 없이 신용대출을 받는 것도 가능해질 것이다.

④ 안정성장/구조조정 단계

안정성장·구조조정 단계에서는 기업의 성장이 완만하거나 오히려 후퇴하면서 사업전환 또는 구조조정 등이 필요해지는 어려운 상황에

처할 수도 있다. 이 경우에는 외부 투자자들이 M&A, PEF(사모투자 펀드) 등의 방식으로 경영권 이전을 수반하는 투자를 통해 직접경영을 하고, 이후 경영정상화 후 취득지분을 매도하면서 자본차익을 가져가기도 한다.

7 미션, 비전, 전략, 핵심가치 정하기

물론 창업을 하는 목적은 돈을 버는 것이다. 하지만 고객을 움직이게 하고, 직원들을 움직이게 하는 힘은 그 기업의 철학에서 나오기도 한다. 창업을 하고자 한다면 반드시 창업자 본인의 철학을 바탕으로 가치관을 만들어야 한다.

회사를 운영하는 대표라면 한 번쯤은 고민할 것이다. 성장할 수밖에 없는 조직 문화는 어떻게 만들 수 있을까?, 원팀으로 일하는 방법을 어떻게 만들 수 있을까?, 구성원이 몰입할 수 있는 환경은 어떻게 만들까?

즉, 미션, 비전, 전략, 핵심가치는 조직의 구성원이 하나로 뭉치게 만들며, 회사의 목표, 성과관리, 조직문화와 채용, 복지제도 등 전 영역에 연결이 되어 있다고 보면 된다. 만약 이러한 것들이 제대로 정립되어 있지 않다면 우리가 왜 일해야하고, 무엇을 위해 일하는지, 어떻게 하면 그것을 이룰 수 있는지 알 수가 없는 것이다. 한마디로 기업의 올바른 방향을 설정하고, 이를 팀원들과의 공유를 통해서 사업의 정당성을 확보하는 것이기도 하다.

- 미션 : 기업의 존재목적 – 조직이 존재하는 근본적인 목적과 기본철학

'왜 존재하는가?'에 대한 답을 말하며, 우리 조직이 사회에 제공하는 가치이자, 직원들이 일하는 의미를 말한다. 기업의 존재목적, 사회적 사명, 기업을 둘러싼 모든 이들이 받아들일 수 있는 개념이어야 한다. 그 조직의 존재 목적이 되기 때문에 가장 우선시 해야 하며 변하지 않아야 한다.

- 비전 : 기업의 미래상 – 미션에 따라 그 조직이 달성해야 할 미래의 목표

'무엇이 될 것인가?', '무엇을 이룰 것인가?'에 대한 답을 말하며, 미션에 따라 구체적으로 달성해야 할 조직의 중장기적 미래이다. 전략을 통해 구현하고자 하는 조직의 중장기적 미래상을 제시하자, 비전은 실질적이며 조직원들을 선도할 수 있어야 하며 구체적이고 명확한 조직의 미래를 표현할 수 있어야 한다.

ex) 비전의 유형
① 명확한 과제 : 케네디 NASA – 달에 사람을 보낸다
② 극복할 대상을 명시 : 나이키 – 무찌르자 아디다스
③ 모범 모델을 가치관으로 : 알펜시아 – 아시아의 알프스가 된다

- 전략 : 목적 달성을 위한 방법 – 비전 달성을 위한 구체적인 전술들의 운용방안
  '어떻게 달성할 것인가?'에 대한 답이다. 사업전략 / 경영전략 / 사업부문별전략 / 운영전략 / 영업전략 / 마케팅전략 등
- 핵심가치 : 일하는 원칙과 기준 – 조직과 구성원들이 마주할 수 많은 의사결정에서의 가치판단 기준, '어떻게 일하는가?', '무엇을 기준으로 판단하는가?'에 대한 답이다. 일을 수행하는데 있어 우선순위가 되며, 모든 구성원이 반드시 지켜야 할 원칙과 기준이다. 아무리 좋은 사업이라도 핵심가치에 위배되면 실행하지 않는 것이 원칙이다.

ex) 핵심가치의 예시
① 디즈니 : 상상력, 창의성, 재미
② 애플 : 단순함, 디자인, 품질
③ 삼성 : 인재제일, 최고지향, 변화선도, 정도경영, 상생추구
④ 듀폰 : 안전과 보건, 윤리준수, 직원존중, 환경보호

8 정부지원제도 확인

창업에 관심 있는 사람이라면 한 번쯤 '나도 창업 지원금을 받을 수 있나?'하는 생각을 해보았을 것이다. '창업지원금'을 검색하거나 창업 포털 사이트를 찾아보면 수많은 공고를 볼 수 있는데, 정보가 너무 많기 때문에 오히려 무엇부터 봐야 할지 막막할 수 있으므로 나의 창업 아이템 관련 담당 부처와, 정부기관을 미리 체크해보아야 한다.

정부 지원 사업은 대부분 연초(1~2월)에 모집을 시작하며, 나에게 해당하는 사업과 관련 준비 사항을 미리 알아보고, 공고가 뜨면 바로 신청할 수 있도록 준비해 두는 것이 핵심이다.

사이트명	내 용	사이트 주소
K-Startup 창업 지원 포털	정부의 모든 지원 사업 정보를 통합하여 제공하는 사이트로, 사업 주기/지원 분야 등 원하는 항목에 따라 맞춤형으로 정보를 탐색할 수 있다는 장점이 있음	https://www.k-startup.go.kr/

소상공인 마당 (자영업 지원 포털)	소상공인/자영업 관련 지원 사업 정보와 정책, 상권 정보 시스템을 제공	https://www.sbiz24.kr/landing/
기업마당	중소기업 종합 정보 포털로, 중소기업에 특화된 지원 사업 정보를 한 곳에서 확인	https://www.bizinfo.go.kr/web/index.do
한국중소벤처기업 유통원	중소기업 대상 유통 채널(판로) 및 마케팅 관련 지원 정보를 제공하는 사이트	https://www.kodma.or.kr/index.do
창업보육센터네트 워크시스템	기술과 아이디어는 있으나 사업화에 어려움을 겪고 있는 창업 초기 기업(예비 창업자)을 대상으로 입주부터 교육까지 창업 성공률을 높일 수 있는 종합적 지원을 제공	https://www.smes.go.kr/binet/main/main.do
소상공인 지식 배움터	소상공인을 위한 통합 교육 시스템으로, 원하는 교육을 선택하여 온라인 또는 오프라인(대면)으로 수강	https://edu.sbiz.or.kr/edu/main/main.do
서울 스타트업플 러스	서울경제진흥원(SBA)이 운영하는 스타트업 통합 플랫폼으로 입주공간, 교육, 액셀러레이팅, 창업행사, 멘토링, 기술이전 및 기술컨설팅을 지원	https://www.startup-plus.kr/

9　시뮬레이션

　　권투에는 섀도 복싱이라는 것이 있다. 이 섀도 복싱은 상대가 없는 허공에 대고 샌드백 없이 복싱 연습을 하는 것 혹은 가상으로 상대를 이미지화하여 연습하는 것을 말하는데, 창업에서 이 섀도 복싱은 창업 시뮬레이션과 유사한 형태라고 볼 수 있다. 하지만 창업 시뮬레이션은 혼자 하는 것이 효과가 없다. 섀도 복싱을 통해서 복서는 기술을 익힐 수 있고 복싱할 때 사용하는 근육의 근력을 증가시킬 수 있으나, 창업은 시뮬레이션을 혼자 계속해봐야 실력이 증가하지 않기 때문에 창업 시뮬레이션을 할 때에는 이를 도와줄, 전문가가 반드시 필요하다.

　　교육용 창업 시뮬레이션 게임의 효과에 관한 연구(심재후, 최명길, 2010)에 따르면 시뮬레이션 게임 방식으로 창업과정을 간접 체험하는 것이 교육적으로 효과가 있다는 점을 밝혀냈다.

　　한마디로 창업 시뮬레이션을 수행할 경우에, 창업자 역량이 늘어나며, 시행착오를 줄일 수 있다는 말이다. 우리 창업자들이 시행착오를 줄이고, 철저한 창업 준비를 하고자 한다면 이 창업 시뮬레이션은 필수 선택이어야 한다.

창업 시뮬레이션 내용은 아래와 같다.

① 자본계획

우선 창업을 기획하고자 한다면 자본계획이 우선되어야 한다. 창업 초기 비용은 매우 다양하며 규모가 생각보다 클 수도 있음을 명심하자. 임대료, 인테리어, 책상 등 물품, 초기 원자재 구입, 인력 고용, 마케팅 비용 등을 포함한 전반적인 비용 추정을 통해 필요한 자본 규모를 미리 파악해야 하는데, 비용 시뮬레이션을 통해 예상되는 총 창업 비용과 운영 비용을 명확히 하면 향후 자본 활용의 흐름을 미리 알고 대비할 수 있다. 또한 예상치 못한 비용이 발생한 경우를 대비한 계획을 세울 수 있으므로 자본계획은 반드시 가장 우선시되어야 하는 과제이다.

② 수익성 분석

초기 비용과 예상 매출을 바탕으로 수익성을 분석할 수도 있는데, 이는 창업 시 사업 모델의 지속 가능성이나 장기적인 성공 가능성을 평가하는데 중요한 지표가 된다. 비용 대비 수익을 분석함으로써, 사업이 경제적으로 타당한지를 판단할 수 있어서 사업을 진짜 실행할 것인지, 안할 것인지 판단에 매우 중요한 역할을 하는 것이다. 또한 투자를 받을 계획이 있다면 정확한 비용 추정은 사업 계획서 작성 시 중요한 요소가 되며, 사업의 재무적 타당성을 보여주는데 핵심이 되며, 투자 유치 과정에서의 투명성과 신뢰성을 높이기도 한다.

③ 운영 시뮬레이션

실제 사업을 운영한다고 생각하고, 어떠한 일이 일어날 것인지를 예측하는 과정이다. 비용, 수익 등을 제외하고, 개인사업자 또는 법인 사업자 등록, 인력채용, 영업, 마케팅, 사업운영 장소(먹거리 창업에서는 이 부분이 가장 중요한 부분 중 하나임) 결정 등 창업을 실제로 하였다고 가정하여 창업 초기단계에서부터 운영에 관한 모든 것들에 대한 시뮬레이션이라고 생각하면 된다.

④ 전문가 검토

어떻게 보면 결국 전문가 검토가 핵심이라고 하겠다. 서두에서 언급하였듯이, 섀도 복싱과 창업 시뮬레이션의 가장 큰 차이점이 전문가의 검토이다. 실제로 창업 경험이 없다면 어떻게 보면 자본계획, 수익성분석도 불가능할 수도 있는 것이다. 경험이 풍부한 전문가에게 창업 시뮬레이션 과정에 대한 지도를 받고, 피드백도 반드시 받아서 내실 있는 창업 시뮬레이션을 해보자

10 사업계획서 작성(145억 원 투자 성공 사업계획서 공개)

창업 사업계획서 작성 방법은 다양하지만, 우선 기본 사업계획서를 작성한 뒤 누구에게 보여줄 사업계획서인지에 따라 수정하는 것이 가장 바람직하다. 예를 들면 투자자에게는 이 사업계획서가 어떻게 돈을 벌고, 투자자들에게도 어떻게 돈을 벌어다 줄 것인지 명확하게 하여야 하며, 정부지원과제의 경우에는 어떠한 사회적 파급효과가 있어서 국가 경제에 기여할 수 있는지를 명확하게 하여야 하는 것이다. 그럼에도 이 모든 것이 포함된 기본 사업계획서가 있어야 한다.

• 사업계획서 작성 전 반드시 알아야 할 3가지

① 사업 계획서는 회사 소개서나 제품 소개서가 아니다.

사업 계획서는 최소한의 타당성이 검증된 아이템을 바탕으로 어떤 고객을 대상으로 어떻게 수익화하고, 어떻게 확장할 것인지에 대한 계획과 방법을 문서화한 것이다. 단순한 회사 소개, 서비스 소개, 제품

소개, 판매와 영업에 관련된 마케팅 자료와는 완전히 다르다는 점을
꼭 기억해야 한다.

② 아이템으로만 승부 보려고 하지 말아야 한다.

시중에 있는 아이템 중, 대부분의 아이템은 새롭지 않다. 창업자
본인은 기발하다고 생각하겠지만, 기존에 비슷한 아이디어와 모델이
있는 경우가 매우 많다. 필자의 경우에도 많은 창업 평가를 다니다 보
면 중복되는 아이템을 너무도 많이 본다. 어쩌다 정말 기발한 아이템
이 나와도 그걸 사업으로 추진했을 때 실패하는 경우도 많다는 점을
명심해야 한다. '이 아이템이 좋다.'가 아니라 '이 아이템에 대한 비즈
니스 모델(BM)을 이렇게 세워서 이 사업을 잘 해내겠다.'라는 내용이
필요하다.

③ 모든 논리는 객관적, 정량적, 계획적이어야 한다.

'더 좋다, 더 예쁘다.'와 같은 주관적이고 추상적인 이야기는 금물
이며, 모든 근거는 (1) 고객이 원하고 (2) 돈이 되고 (3) 우리가 잘할
수 있다는 점과 연결되어야 한다. 특히 어떠한 하나의 주장을 하게 되
면 그 주장에 대한 근거는 구체적인 증거로 제시하여야 하는 것이다.
예를 들어서 더 예쁩니다 / 더 튼튼합니다.'라고 하는 것보다. → '경
쟁 제품과 블라인드 테스트 결과 실험 참가자의 80%가 우리 제품 선
택','내구성 테스트 결과 기존 제품 대비 30% 향상되었다.'처럼 구체적
인 증거로 제시하여야 주장이 설득력이 있는 것이다.

• 사업계획서 작성(중소벤처기업부 사업계획서 작성 가이드)

아직 창업 준비단계에 속하기 때문에 독자분들이 예비창업자 단계라는 가정하에, 사업계획서를 한번 같이 만들어 보자.

① 사업계획서 구성항목

사업계획서의 구성항목은 실현하고자 하는 제품 또는 서비스의 필요성, 혁신성, 이를 구체화할 수 있는 역량을 보유하고 있는지를 판단하는 요소 등으로 구성되어 있다.

첫 번째, 문제 인식이다. 제품(서비스)의 필요성과 근거, 제품(서비스)에 따라 정의된

시장(고객) 설정의 적정성, 기대효과 등을 고려하여야 한다. 예를 든다면 시장에서 해결되지 않는 문제는 무엇인가? → 어떤 시장(고객)에 이를 제공할 필요가 있는가? → 시장(고객)에게 제공할 가치(혜택)는 무엇인가? 이런 식인 것이다.

두 번째, 실현 가능성이다. 정의된 시장(고객)의 문제를 해결하기 위한 구체적인 솔루션(해결방안)은 무엇인지 등을 고려하여야 한다.

세 번째, 성장전략이다. 제시한 해결방안을 통해 최종 산출한 제품(서비스)의 성장 가능성이 충분한지, 전략은 적정한지 등을 고려하여야 한다.

네 번째, 팀 구성이다. 앞서 서술한 단계별 주요 해결 방법을 실현할 수 있는 자체, 팀원, 외부 협력 등 역량을 보유하고 있는지 등을 고려하여야 한다.

이러한 내용을 포함하여 필자는 아래 내용의 목차를 제시(기존:2023년 이전, 변경내용:2023년 이후)한다. 이것은 중소벤처기업부에서 제시하고 있는 표준이기도 하고, 주로 정부과제 지원 사업계획서는 이와 유사한 형태이기 때문에 여기에서 표준으로 제시한다.

구분	기존	변경내용	비고
일반현황	–	매출, 고용, 투자유치 목표	신설
개요 (요약)	명칭, 범주	(좌 동)	
	산출물 및 개발단계	(좌 동)	
	소개	아이템 개요	용어변경
	진출 목표시장	창업 배경 및 필요성	
	경쟁사 대비 차별성	아이템 준비현황 및 실현 방안	
	산출물 및 개발단계	목표시장 및 성과 창출 계획	
	이미지	이미지	
문제인식 (Problem)	1-1. 개발 동기/추진 경과(이력)	1-1. 창업 아이템 배경 및 필요성	통합
	1-2 개발목적	(1-1 항목으로 통합)	
	1-3. 목표시장 분석	1-2. 목표시장(고객) 현황 분석	
실현가능성 (Solution)	2-1. 아이템 개발방안/준비정도	2-1. 창업아이템 현황(준비정도)	
	2-2. 차별화 방안	2-2. 창업 아이템 실현 및 구체화 방안	신설

성장전략 (Scale-Up)	3-1. 창업아이템 사업화 방안	3-1. 창업아이템 사업화 추진전략	
	3-2. 사업 추진 일정	3-2. 생존율 제고를 위한 노력	신설
	3-3. 자금소요 및 조달계획	3-3. 사업추진일정 및 자금운용 계획	통합
팀구성 (Team)	4-1. 대표자 현황 및 보유역량	4-1. 대표재(팀) 현황 및 보유역량	통합
	4-2. 팀 현황 및 보유역량	(4-1 항목으로 통합)	
		4-2. 외부 협력 현황 및 활용 계획	강화
		4-3. 중장기 사회적 가치 도입계획	신설

※ 출처 : 2023년 창업사업화 지원사업 사업계획서 작성 가이드라인(중소벤처기업부)

② 창업 아이템 개요(요약)

(목적) 작성자가 구체화하고자 하는 제품 및 서비스에 대한 개요, 사업화 추진 배경 및 목적, 실현 방안, 성장전략 등을 종합적으로 작성

→ 명칭/범주 : 명칭은 창업자가 고려한 컨셉을 포함하고, 제품범주는 소비자의 사용 목적이 동일한 제품의 집합을 의미

(예시)"Windows"는 제품명이고 제품범주는 OS(운영체계)"
(예시)"알파고"는 서비스명이고 제품범주는 "인공지능프로그램 인공지능프로그램"

→ 아이템 개요 : 제품 또는 서비스의 개요, 핵심 기능을 간략히 작성

→ 배경 및 필요성 : 사업계획서 본문 내 문제 인식, 팀 구성 요약

→ 현황 및 구체화 방안 : 사업계획서 본문 내 실현 가능성 요약

→ 목표시장 및 사업화 전략 : 사업계획서 본문 내 성장전략 요약

③ 문제 인식(Problem)

(목적) 창업자가 인식하고 있는 시장(고객)의 문제/애로사항이 무엇인지를 정의하고 시장(고객)에 제공할 가치(혜택) 등을 서술

(창업 아이템 배경 및 필요성)

→ 제품(서비스)을 구체화가 필요한 이유, 현재 주요 문제점 및 기회 등(시장의 관점, 창업자 관점 등을 포함)을 작성하고 창업자(팀원)의 경험을 기반으로 사업의 주된 목적, 해결 시 기대효과 등을 작성

(예시) 탄소배출 Zero 정책 등으로 인한 탄소 절감 필요성이 증가함에 따라 이에 대한 장비나 제어시스템이 필요, 또한 환경문제 관련 법규가 강화됨에 따라 등

(예시) 스마트 초인종을 1차 제품으로 진행한 경험을 바탕으로 소비자의 편의성 제고 등 비전의 관점에서 제품을 확장한 경우

→ 시장(고객) 설정·정의하고 문제점 또는 애로사항을 해결할 방법과 해결방안을 통해 고객들에게 제공할 가치는 무엇인지를 작성

(예시) 특정 위험(부상 등)을 방지·경감할 수 있는 방안을 문제로 정의했다면, 위험을 낮추고 '더 안전한 환경'을 위한 '활동 메뉴얼'(핵심기능)을 제공

(목표시장(고객) 현황 분석)

→ 실현(구체화)하고자 하는 제품이 진입할 시장(고객)을 정의하고 시장(고객)과 시장(고객)의 수요, 제공하고자 하는 가치의 포지션이 무엇이며 해당 제품이 왜 유망한지 등을 설명

→ 진출·진입하고자 하는 시장의 규모와 성장성 그리고 경쟁 강도 등을 고려하고 고객에 대한 분석과 경쟁자 존재 정도와 경쟁적 요소들

을 조사 분석(기존 경쟁자가 없을 것으로 예상되는 경우는 고객의 관점에서 경쟁자를 고려할 필요가 있음)

④ 실현 가능성(Solution)

(목적) 문제 인식(Problem) 파트에서 정의된 시장(고객)의 수요를 어떤 방식으로 해결할 것인지를 서술하고, 작성자의 기술, 제품·서비스의 세부 실현(구체화) 방안 등을 작성

(창업 아이템 현황(준비 정도)

→ 문제 인식(Problem) 파트에서 정의된 시장의 수요 등을 고려하여 제품 및 서비스의 필요성을 기반으로 이를 개발·구체화하기 위해 신청 시점까지 기획 또는 추진한 경과(이력) 등을 기술

→ 현재까지 진행된 경과 등을 바탕으로 기술의 개발뿐만 아니라, 신청 시점까지 확인된 실적(성과), 시장(고객)의 반응 등을 자유롭게 기술함으로써 제품 및 서비스 실현 가능성에 대한 근거 등을 제시

(창업 아이템 실현 및 구체화 방안)

→ 본 사업 참여기간(이하 '협약기간') 중 실행 또는 구체화할 제품 또는 서비스의 핵심 기능, 성능, 디자인, 기타 활동 등을 통해 세부적인 개발 및 구체화 방안, 최종 산출물 등을 기재

→ 보유역량을 기반으로 경쟁사와의 차별화 요인을 설명하되, 스펙, 핵심기능, 성능, 고객 제공 혜택 등 다양한 측면에서 표현

→ 차별화를 실현할 수 있는 보유역량은 특허 등(구성, 공정 등) 물리적 역량뿐만 아니라 콘텐츠 등 소프트웨어적 역량도 모두 포함

⑤ **성장전략(Solution)**

(목적) 실현(구체화)하고자 하는 제품 및 서비스를 사업화하고자 하는 방법, 사업단계에서 추진하고자 하는 목표, 추진 일정, 소요되는 자금과 추가 자금조달 계획 등을 종합적으로 작성

(창업 아이템 사업화 추진전략)

→ 비즈니스모델은 How to Make&Sale 등을 통해 이윤을 확보하는 구조에 대한 전반을 설명하고, 통상적인 경영활동과 관련된 재화의 판매 또는 용역의 제공 등의 활동을 자유롭게 서술

→ 아이템의 진입 시장(고객)을 정의하고 해당 규모와 진출 시기, 홍보·유통 등의 판매 방안 등 마케팅방안을 객관적으로 제시

(생존율 제고를 위한 노력)

→ 생존율이란 신생기업이 한 시점을 기준으로 일정 기간 계속 생존(사업 영위)하는 것을 의미하며, 생존율의 저하는 창업 활성화 제한 등 부정적 영향 (산업연구원, 2018)

→ 생산적 요소(기술, 인력 등), 시장적 요소(유통, 판매 등), 경영적 요소(조직관리, 자금관리, 도덕적 해이 등) 등을 종합적으로 고려하여 예비 단계에서는 기업 설립 후 생존하기 위한 단기적(1~3년) 전략을 제시

(추진 일정 및 자금운용 계획)

→ 사업 전체 로드맵 : 창업 아이템의 사업화 목적을 달성하기 위해 진행하게 되는 전체적인 과정을 의미하며, 제품(서비스)의 양산화 방안,판매 전략을 통한 매출 실현, 이윤 확보 등 목표를 제시

→ 협약기간 내 목표 및 달성방안 : 협약기간 내 추진하고자 하는 주요 내용과 목표, 일정, 최종결과물 등을 작성 (성과평가 시 고려)

→ 정부지원금 집행계획 : 사업의 협약기간 동안 사업화를 수행하기 위해 필요한 비용 등을 정부지원금 집행계획으로 작성

→ 기타 자금 필요성 및 조달 계획 : 본 지원사업을 통한 사업화 자금 외에 추가자금(투자유치 등) 조달에 대한 필요성과 세부 조달방안을 작성

⑥ 팀 구성(Team)

(대표자·팀 현황 및 보유역량)

→ 대표자와 팀원 등이 보유하고 있는 역량(경영 능력, 경력·학력, 기술, 노하우, 트워크 등)과 주요 경험, 교육 이수, 기타 수상 실적 등을 작성하고, 구성(채용) 예정인 팀원(직원) 일정과 계획 등을 작성

(외부 협력기관 현황 및 활용 계획)

→ 대표자나 팀원 이외 본 사업을 수행하기 위해서 협업하고자 하는 외부 기업, 기관, 전문가, 이들의 역량, 세부 협력 사항을 작성함

(중장기적 사회적 가치 도입계획)

→ 예비 단계에서 기업 설립 후 중장기적으로 도입하고자 하는 환경(E), 사회(S), 지배구조(G) 등의 관점의 가장 낮은 단계의 계획 등을 작성

• 사업계획서 작성 핵심 원칙 7가지

사업계획서(business plan, 사업계획) 작성을 해야 하는 경우는 많다. 스타트업이 투자를 유치할 때, 중소기업이 자금 지원을 요청할 때 필요하다. 매각을 원하는 기업이 잠재적 인수자의 의향을 타진할 때에도 필요하다. 기업 내부에서 신사업을 추진하거나 사업 전략을 결정할 때에도 작성한다. 사업계획 작성을 어떻게 해야 할지 어려움을 겪는 사람들을 많이 본다. 방법론을 모르는 것도 있지만, 사업계획서의 본질을 이해하지 못하는 것이 중요한 원인이다. 그래서 사업계획서 작성 시 염두에 두어야 할 핵심 사항을 공유한다.

① 사업계획서는 상황과 목적에 따라 다르다
사업계획서는 사업계획이라고도 하고 영어로는 business plan으로 불린다. 다양한 목적과 상황에 사용된다. 스타트업의 사업계획서와 수십 년 된 대기업의 사업계획이 같은 내용을 담고 있을 수는 없다. 투자유치(IR) 목적의 사업계획과 내부 전략 목적의 사업계획은 초점이 다를 수밖에 없다.

신사업을 추진하려고 한다면 매우 단순한 사업계획서면 충분하다. 가장 바람직한 사업계획은 실질적으로는 사업계획서도 아니고 제품 시장 맞춤(product market fit)에 도달하기 위한 가설 검증 계획이다.

오래된 기업의 사업계획 작성은 전혀 다르다. 신사업 사업계획서의 초점이 시장이 있느냐라면, 기존 사업의 사업계획은 (시장은 당연히 있고) 얼마나 시장점유율을 높이느냐 또는 얼마나 이익을 더 내느냐가 초점이다.

구조조정을 하려는 기업의 사업계획은 비용 절감에 초점이 맞춰질 것이다. 사업, 시설, 인력을 어떻게 조정하면 비용이 어떻게 줄어들 것인지가 관심이다.

즉, 사업계획서에는 한가지 정답이 존재하지 않는다. 상황과 목적에 맞게 작성해야 한다. 그러므로, 작성하기 전에 목적과 상황을 잘 생각하기 바란다.

② 비즈니스 모델과 사업 전략을 정립해야 한다

사업계획에는 우리의 비즈니스 모델, 그리고 사업 전략이 담겨야 한다. 너무나도 당연하게 들리는 말이지만, 실제로 사업계획서를 만들어 본 사람은 그렇지 않을 수 있음을 안다. 사업계획서를 만들면서 내용보다 멋진 그래픽을 중시하는 사람들도 매우 많다.

이상적으로는 비즈니스 모델과 전략을 수립한 후에 이를 사업계획서로 작성해야 할 것이다. 하지만 현실에선 사업계획을 작성하기 전에 사업모델이나 전략이 정리가 안 되어있는 경우가 많다. 정립되어있다고 생각하고 있었지만, 사업계획을 하다 보니 혼란을 느끼기도 한다. 동료들 사이에 공감대가 안 되어있는 경우도 있다.

사업계획서를 작성하면서 동료에게 "우리 타깃 고객이 누구라고 쓸까?", "생산은 어떻게 한다고 할까?"와 같은 질문을 해본 사람이 꽤 있을 것이다. 그런 질문 자체가 아직 사업모델이나 전략이 잘 정립되어있지 않음을 보여준다. 사실은 "우리 타겟 고객이 누구일까?"나 "생산은 어디에서 할까?"라는 질문이 더 맞는 상황이다. 우리 자신이 우리 전략을 모른다는 현실은 불편하기에 문서 작성에 대한 질문으로 바꾼 것이다.

시장규모 같은 기본적인 사실도 모르고 있는 경우가 많다. 대충 크겠지 하고 생각하면서 사업은 시작했는데, 문서에 그렇게 쓸 수는 없어서 찾아보기 시작한다.

모든 전략적 질문에 답을 갖고 있을 필요는 없다. 연구개발 단계면 마케팅 채널은 나중에 결정할 수도 있을 것이다. 중요한 것은 그런 문제들에 대하여 불확실할지라도 가설적 그림은 갖고 있는 것이다.

사업계획서 작성은 단순한 문서 작업이 아니라 비즈니스 모델과 사업전략 정립 작업으로 삼아야 한다. 문서 자체의 필요는 지원 사업이나 IR 때문에 생겼더라도, 그 기회에 전략을 정립하는 것이다.

③ 사업계획서 본질은 마케팅 자료다

앞에서 본 것처럼 사업계획서의 목적은 다양하다. 하지만 대부분의 사업계획서는 누군가를 설득하기 위하여 쓰인다. 즉, 마케팅 자료이다. 자금을 유치할 때는 물론이고, 기업 내부의 사업계획서도 경영진 등 누군가를 설득하는 수단이다.

앞에서 내용보다 그래픽을 중시하는 사람들이 많다고 얘기했지만, 반대로 사업계획서를 행정문서처럼 생각하는 사람들도 많다. 어떤 내용이 왜 있어야 하는지를 따지지 않고, 그저 사업계획서는 그런 것이라고 생각한다. 양식에 의존하다 보면, 더욱 그렇게 되기 쉽다. 구청에서 양식을 작성할 때처럼 수동적으로 내용을 채우는 느낌으로 일하게 된다.

이런 현상을 보이는 비슷한 경우가 또 있다. 바로 이력서이다. 취업을 위해 이력서를 작성할 때, 사람들은 이력서 양식을 구해서 채워 넣는다. 언제 어느 회사를 다녔고, 어느 부서에서 일했다고. 양식이 채워지면 이력서답게 보이는 이력서가 되었겠지만, 정작 내용은 평이한 사실의 나열이 되어있다.

하지만 이력서는 본질적으로 마케팅 콘텐츠다. 당신을 인재 시장에서 돋보이게 하는 지극히 중요한 마케팅 자료이다. 그걸 전입 신고할 때 인적사항 적듯이 작성하는 것은 본질을 망각한 것이다.

사업계획서도 같다. 투자를 유치하거나, 회사 내부에서 승인을 받기 위한 마케팅 도구이고 콘텐츠다. 이 사고방식 하나만 제대로 이해해도, 당신의 사업계획서는 달라질 것이다.

④ 최대한 짧게 만든다

사업계획서를 작성하고 있다면 십중팔구 당신은 누군가가 처음 볼 사업계획을 만들고 있는 것이다. 투자 유치를 예로 들자면, 처음에 사업계획을 이메일로 보낸다. 투자자가 관심이 있으면 만나자고 할 것이다. 만나서 직접 설명하고, 좀 더 상세한 점을 묻게 될 것이다. 투자자도 일반적 마케팅에서의 고객 깔때기 같은 단계를 거치는 것이다.

투자자의 입장에서 생각해보자. 이메일로 받은 사업계획이 길고 복잡하다면 집중해서 읽을 수 있을까? 당연히 그렇지 않다. 간결하고 눈에 쏙쏙 들어오는 내용이어야 한다.

프레젠테이션 기준으로 10장 이내면 좋다고 생각한다. 큰 글씨의 발표형 프레젠테이션으로 말이다. 때로는 1장짜리 워드 문서로 쓸 수도 있다. 이렇게 짧은 사업계획을 티저(teaser)라고도 하는데, 용어는 중요하지 않다. 시간 많지 않은 사람들이 잠깐 보고도 금방 이해하고 관심을 가질 문서를 만드는 것이 중요하다. 문서로 만든 엘리베이터 피치(elevator pitch)라고 할 수 있다.

⑤ 핵심으로 바로 들어간다

문서를 열면 바로 본론이 나와야 한다. 서론이 너무 긴 것은 읽는 사람을 지루하게 만든다. 아무리 하고 싶은 얘기가 많아도, 일단 핵심적인 내용부터 얘기하는 것이 좋다.

당신이 다른 사람이 쓴 사업계획서를 읽는다고 하자. 기업의 투자 요청을 검토하는 투자자일 수도 있고, 부하직원의 사업계획을 검토하는 경영자일 수도 있다. 또는 친구의 사업계획을 한번 봐주는 것일 수도 있다. 무엇이 제일 궁금할까?

당연히 무슨 사업인가가 제일 궁금할 것이다. 무슨 사업을 하려는 것인가? 그다음으로는 그 사업이 잘 될 것으로 생각하는 근거가 궁금할 것이다. 그런 핵심으로 바로 들어가야 한다.

신사업을 가정하면 보는 사람들에게 좋은 사업계획서는 다음과 같은 순서로 전개한다. 미국의 벤처캐피탈 Sequoia Capital의 생각과 비슷하다. 조금 다른 부분도 있다. 예를 들어 회사의 정체성은 겉장에서 한 줄로 쓰면 충분하다고 생각한다. 또한 우리가 어떤 일을 했고 앞으로의 전략은 무엇이라고 알려주는 '경과 및 계획' 부분은 있는 것이 좋다.

　가. 문제(고객의 니즈, 또는 시장의 비효율), 우리의 해결책 (제품, 서비스)

나. 비즈니스 모델

다. 시장 규모

라. 경쟁

마. 팀

바. 경과 및 계획

사. 성과 목표

⑥ 재무 예측에 너무 공 들이지 않는다

사업계획을 하면서 재무 예측에 너무 많은 공을 들이는 것을 본다. 하지만 당신의 사업계획서에서 가장 의미가 적은 부분이 재무 성과 예측이다. 보는 사람들에게 그 부분은 당신의 일방적인 주장에 불과하다. 5년후 매출이 백억, 천억, 아니 일조가 된다고 해봐야 그것을 믿고 투자할 사람은 없다.

물론 항상 그런 것은 아니다. 앞에 말한 것처럼 사업계획은 상황과 목적에 따라 다르다. M&A 대상기업의 IM(Information Memorandum)을 만드는 것이라면 재무 성과 예측은 매우 중요하다. 이미 사업운영이 일정 궤도에 올라간 회사의 손익과 재무상태 예측은 새로운 사업보다 훨씬 가능하다.

신규사업은 되느냐 망하느냐, 0이냐 1이냐의 엄청나게 큰 불확실성이다. 사업계획서를 보는 사람에게는 매출이 몇십 프로 높으냐 낮으냐는 중요하지 않다.

중요하지 않은 부분에 상세한 것도 작성자나 보는 사람 모두에게 시간 낭비다. 직원 1명당 인건비는 얼마고 기타 비용은 대략 얼마인지

가정하면 충분하다. 한 달에 생수가 얼마나 필요하고 복사용지를 얼마나 쓸지를 계산할 필요는 없다.

⑦ 할머니도 알아볼 수 있게 한다

어떤 사업계획서는 정말 이해하기 어렵다. 그 분야의 전문 용어를 사용하는 경우가 대표적이다. 유행하는 경영 용어를 사용하는 경우도 많다.

그런 사업계획이 나온 이유는 둘 중의 하나일 것이다. 평소에 전문 분야에 너무 몰두해있다 보니 전문용어가 습관이 되었을 수 있다. 다른 사람들이 모른다는 생각을 못 한 것이다. 또는 전문용어를 사용함으로써 사업계획을 있어 보이게 했을 수도 있다.

어느 경우건 결과적으로 바람직하지 않다. 읽는 사람들은 이해가 안 되는데 좋은 사업이라고 생각할 리가 없다. 이해할 수 없는 것을 공부해가면서까지 이해하려고 하지 않는다. 유행하는 용어를 많이 안다고 유능한 팀이라고 생각하지도 않는다. 오히려 약간 거품이 있다고 생각할 수도 있다.

앞서 강조했듯이 사업계획서는 마케팅 자료다. 좋은 마케팅 콘텐츠는 건성건성 봐도 눈에 쏙 들어온다. 보는 사람은 힘을 하나도 안 들여도 콘텐츠가 소화시켜 준다. 사업계획서도 보는 사람이 쉽게 이해할 수 있어야 한다. 할머니도 이해할 수 있게 써야 한다.

- **(사업계획서 샘플) 145억 원 이상 투자유치 성공 사업계획서(IR 자료)**

　다음 사업계획서는 145억 원 이상 투자유치에 성공한 사업계획서이다.
　이를 참고하여 대규모 투자유치를 받을 수 있는 사업계획서를 만들어 보자.

(사업계획서 표지)

　우선은 제목과 표지이다.
　위에 제목과 사진을 보면 어떤 생각이 드는가?
　우선 첫째로 왼쪽의 제목에 대해서 한번 살펴보자. 위에 사업계획서 표지를 보이면서 대표는 IR에서 Hemp에 대해서 설명을 했다. Hemp는 대마라는 의미로, 즉 대마를 원료로 해서 신약을 개발하겠다는 것이다.

사소하게 보일 수도 있지만, 사실 이것은 대표의 IR 능력을 단적으로 보여주는 것이라 하겠다. 즉, 할머니도 이해할 수 있도록 제목을 간결하게 표현한 것이다.

오른쪽 그림도 그냥 지나칠 수도 있지만 왼쪽 제목을 그림을 표현한 것이다. 대마로 약을 만든 그림으로, 왼쪽 제목이 없더라도 사진만으로도 무엇을 만들겠다는 것이 보이지 않는가?

정말 단순해 보이지만 첫 표지에도 엄청난 수가 들어가 있으면서도, 누구나 이해하기 쉽게 표현하였다.

한마디로 내가 창업을 해서 돈을 벌겠다고 한다면, 누구나 이해할 수 있어야 투자유치도 가능한 것이므로 한 줄로 내 아이템을 정의해보자.

(첫 번째 페이지, 창업의 동기)

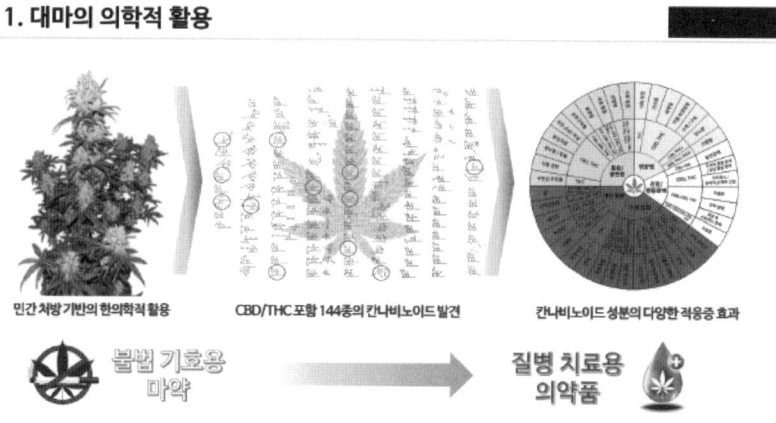

이 페이지는 창업의 동기에 해당하는 첫 번째 페이지이다.

우선 이번 장의 타이틀인 "대마의 의학적 활용"을 보자. 이 페이지 또한 할머니도 이해할 수 있도록 쉽게 표현을 한 것을 볼 수 있다. 대마원료가 의학적으로 어떠한 효과가 있는지 모두 표시를 한 것이다.

여기에서 또 한 가지 살펴볼 수 있는 부분은 바로 대마가 의학적으로 사용이 된다면 그만큼 큰돈이 된다는 것을 간접적으로 표현하였다. 맨 오른쪽에 사진 그림들을 자세히 보면 통증/불면증, 위장병, 감정/행동 장애, 신경질환, 암, 고혈압 등 기타 질환에 다양한 적응증 효과가 있다고 이야기하는 것인데, 만약 이것이 사실이라면 해당 아이템은 다양한 분야의 치료제로써 엄청난 돈을 벌 수 있다는 것을 간접적으로 표현하는 것이기도 하다.

그리고 표현방법도 상당히 구체적이라는 것을 알 수 있다. 창업 아이템인 대마가 의학 원료로 쓰인다는 것인데, 어떠한 질환에 쓰인다는 것을 구체적인 질병들을 언급하면서 상당히 구체적으로 표현을 하였음을 볼 수 있다. 한마디로 쉬우면서 명확하게 창업의 동기를 제시하였다.

마지막으로 국내에서 대마는 불법이고, 규제도 심하지만 의학적으로 쓰이면 얼마나 가치가 있는지를 직접 표현해줌으로써 인식의 전환이 필요함도 나타내주고 있다. 일부 국가에서는 대마를 합법으로 인정하고, 음식의 재료 등 다양하게 활용을 하기도 한다. 창업자는 IR을 진행하면서 이러한 세계적인 추세도 같이 발표하였고, 국내에서 일부 규제가 있지만 이 아이템이 얼마나 가치 있는가도 적절히 표현하였다.

(두 번째 페이지, 사업배경 및 세계 시장현황)

2. 대마 합법화와 폭발적 시장 성장

대마(Hemp)는 전 세계가 주목하는 그린 바이오 미개척 소재 → 국제적 규제 변화에 맞는 신속한 산업화 기반 조성과 정부 차원의 법개정 필요

이 페이지는 사업배경 및 세계 시장현황에 해당하는 두 번째 페이지이다.

이 페이지에서 창업자가 말하고자 하는 것은 두 가지이다. 첫 번째로는 창업 아이템(대마)이 세계적으로 미개척 분야로, 얼마나 가치가 있는 사업인지를 말하였고, 두 번째로는 창업 아이템(대마)이 얼마나 돈이 되는지를 말한 것이다.

위에 타이틀을 보면

"대마(Hemp)는 전 세계가 주목하는 그린 바이오 미개척 소재"라는 이야기는 아직 본격적인 연구가 진행되지 않아서 앞으로 발전 가능성이 무궁무진하다는 것을 함축적으로 표현한 것으로 볼 수 있다.

"국제적 규제 변화에 맞는 신속한 산업화 기반 조성과 정부 차원의 법 개정 필요"하다는 이야기는 세계적인 추세에 맞추어 국내에서도 대마에 대한 규제가 점차 풀리고 있고, 현재에 의료용 대마 관련 규제도

많이 풀린 상태이다. 실제로 창업자가 적극적으로 의료용 대마 규제의 완화에 대해서 주장했고, 상당 부분 반영이 되었다.

창업자는 해당 발표를 하면서 아이템의 국제적인 시장 성장성과 추세를 강조하였다.

(세 번째 페이지, 유사 사례 조사)

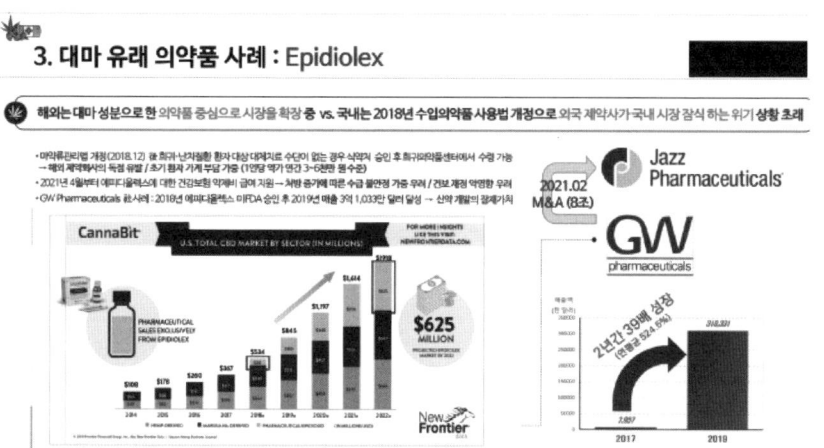

이 페이지는 해외 유명 제약사를 예시로 창업자가 하고자 하는 창업 아이템(대마)으로 얼마나 돈을 잘 버는지 구체적으로 표현한 세 번째 페이지이다.

경쟁업체는 에피디올렉스로, 미 FDA 승인 후 매출을 3억1,033만 달러(한화 약 4,530억 원) 달성하며 창업 아이템(대마)의 성공하였을 경우 엄청난 경제적 성과를 낼 수 있음을 구체적으로 경쟁 기업을 예시로 들었다. 이 페이지와 첫 페이지를 조합한다면 정말 다양한 분야에서 활용이 가능한 아이템이면서도 돈도 된다는 점을 강조하는 것을 볼 수 있다.

　수많은 기술창업 기업들이 IR 발표를 듣다 보면, 생각보다 많이 하는 실수들이 바로 기술만을 강조하는 IR이다. 하지만 투자자나 심지어 정부과제 평가자들도 결국 기술이 뛰어난 것보다는 돈이 되는지를 보는 것이다. 기술이 좋다고 강조해야 하는 곳은 학술대회나, 논문발표 장이지 창업기업의 사업계획 발표에서는 절대 아니다. 우선 창업을 하는 목적 자체가 무엇인가. 바로 돈을 벌자고 하는 것이 아닌가. 실제로 세계 최초의 기술일지라 하더라도 시장에서 필요로 하지 않다면 그게 과연 창업에서 무슨 의미가 있다는 것인지 잘 생각해보아야 한다. 수학능력시험에서도 출제자의 의도를 잘 파악해야 하겠지만, 창업자 또한 투자자, 정부과제 평가자의 의도를 잘 파악할 줄 알아야 한다. 투자자는 결국 돈을 벌고 싶어서 투자하는 것인데 자꾸 기술만을 강조하면 짜증이 나는 것이다. 그렇다고 위 창업기업이 기술력이 없어서 자꾸 돈을 강조하는 것이 아니다. 실제로 위 창업자는 해당 분야의 핵심기술을 가진 실력자이나, 창업으로도 타짜라서 이렇게 돈을 강조하는 것뿐이라는 사실을 명심하자.

(네 번째 페이지, 대마 산업화 국내현황)

4. 대마 산업화 국내 현황 : 경북산업용헴프규제자유특구

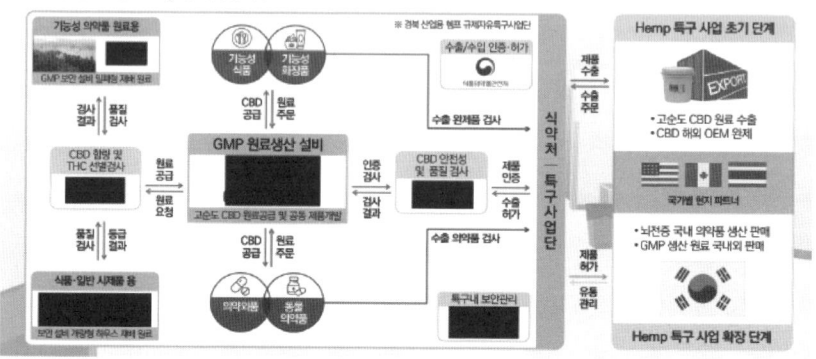

이 페이지는 해당 기업이 경북 산업용 대마 규제자유특구 내에서 어떠한 구조로 사업을 운영하겠다는 내용이다.

여기 페이지에서 핵심은 바로 해당 아이템(대마)이 국내적으로 규제가 심하다 보니, 규제자유특구 지역에서 협력 기관 및 인증기관들과 어떻게 협력을 해서 창업 아이템(대마)을 생산하고 유통할 것인지 구체적으로 보여주는 것이다.

규제가 심한 창업 아이템이라면 해당 페이지는 필요가 없을 것이다. 하지만 국내에서는 아직 대마에 대한 규제가 심하기 때문에 이러한 페이지로 투자자를 설득하는 것이라 볼 수 있는 것이다. 이 페이지를 만들기 위해서는 국내·외의 규제, 시장현황 등을 모두 파악하여야 하는 것이기 때문에 상당히 심혈을 기울여 만들었음을 알 수 있다.

여기에서 우리가 배워야 하는 점은 두 가지이다. 첫 번째로 창업 아이템 관련해서 규제, 국내·외 시장현황, 국가별 정책 등에 대해서 빠삭해야 한다는 것이다. 위와 같은 구조도가 나오려면 이 모든 것에 대한 공부가 철저하게 되어야 한다. 두 번째로 한 장으로 압축할 수 있는 능력이다. 정말 해당 기업이 대단한 것은 바로 이 한 장으로 압축하면서도 쉽게 표현을 했다는 것이다. 생각보다 이렇게 하고 싶은 이야기를 한마디 + 한 장으로 표현하는 경우는 거의 찾아볼 수 없다.

(다섯 번째 페이지, 대마 산업화 국내현황)

이 페이지는 해당 기업이 보유한 특허, 허가, 인증을 나열한 페이지이다.

하지만 여기에서 보아야 할 포인트는 바로 두 가지이다.

첫 번째로는 해당 기업이 창업 아이템(대마) 관련 원천 기술(특허)을 보유하고 있다고 말하는 것이다. 즉 해당 기업이 창업 아이템을 만

들 수 있는 기술력을 보유하고 있다는 것을 강조하는 페이지인 것이다. 아마 대다수의

두 번째로 특허, 허가, 인증 등의 구체적인 증빙을 예로 들어서 설명하고 있다는 점이다. 쉽게 이야기해서 막연하게 "나는 싸움을 잘한다."고 이야기 하는 것과, 나는 특전사 전역증, 태권도 단증, 유도 단증 등의 구체적인 증거를 가지고 이야기 하는 것과는 다르다는 말이다.

우리 창업기업은 정말 중요하게 명심해야 할 것이 바로, 이러한 구체적인 증거, 데이터로 이야기 해야 한다는 것이다. 나의 아이템이 정말 좋다고 단순하게 이야기 하는 것보다, 구체적으로 어떠한 기능이 5% 향상되었고, 그 증거는 다음과 같다고 제시하는 것이 설득력이 있을 것이므로, 반드시 구체성과 증거를 가지고 투자자를 설득하자.

(여섯 번째 페이지, 공정 독창성과 경제성)

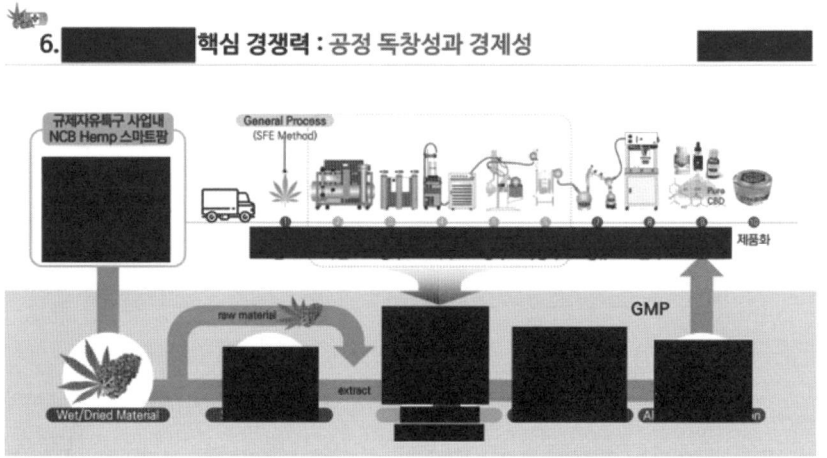

이 페이지에서는 구체적으로 어떻게 원료를 추출하고, 제품을 만들 것인지를 이야기 하고 있다. 한마디로 해당 기업이 이러한 시스템을 갖추고 있으며, 실제로 창업 아이템(대마)을 만들 수 있는 능력이 있음을 보여주면서 동시에 경제성도 있다고 설명하고 있는 것이다.

창업자가 "창업 아이템을 만들겠습니다."라고 말한다면 분명 어떻게 만들 건데? 하고 던질 질문에 대한 답인 것이다. 최대한 구체적으로 만드는 방법을 제시해야 투자자도 해당 내용에 관심을 가질 수 있을 것이다.

(일곱 번째 페이지, 사업추진내용(사업모델))

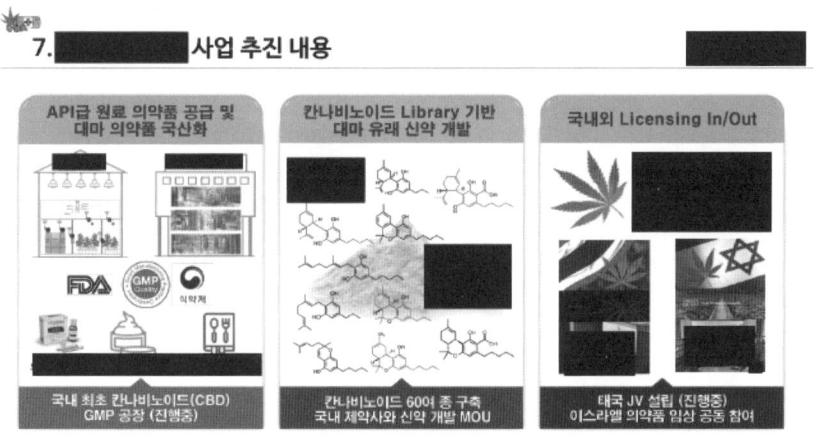

이 페이지에서는 구체적으로 해당 제품이 개발되면 어떻게 돈을 벌 것인가를 표현한 페이지이다.

첫 번째로 원료 의약품을 공급하고 대마 의약품을 국산화해서 돈을 벌겠다는 내용이다. 두 번째로 국내 제약사와의 협력을 통해서 신약 개발을 하겠다는 내용이다. 세 번째로는 국내외 라이센싱 IN/OUT을 통해서 수익을 창출하겠다는 내용이다.

해당 내용을 보면 구체적인 금액이 나와 있지는 않지만 해당 기업이 아이템으로 어떻게 수익을 창출할 수 있는 구체적으로 제시하였음을 알 수 있다.

(여덟 번째 페이지, 참여인력 소개 및 투자유치단계 설명)

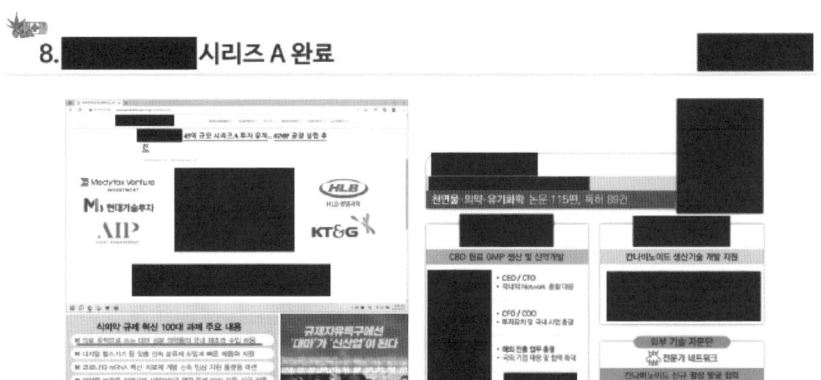

이 페이지는 참여인력의 소개와 현재 투자를 어느 정도 받았다는 점을 소개한 내용이다.

이미 투자를 받았다는 점을 강조한 것은 해당 기업의 창업 아이템이 시장에서 어느 정도 검증이 되었음을 이야기하는 것이고, 참여인력을 소개한 것은 해당 기업이 창업 아이템 관련 기술력과 조직력을 갖추고 있음을 이야기한 것이다.

이 페이지에서도 다시 한번 창업팀을 강조하고 싶다. 사실 투자자들이 가장 중요하게 보는 것 바로 참여인력이다. 특별한 스펙이 없는 창업팀과 서울대 출신 5명이 모인 창업팀이 있다고 한다면 어디에 투자할 것인지는 자명한 일이다. 우수한 창업팀을 꾸리기 위해서 시간과 노력을 아끼지 말자.

(마지막 페이지, 핵심역량)

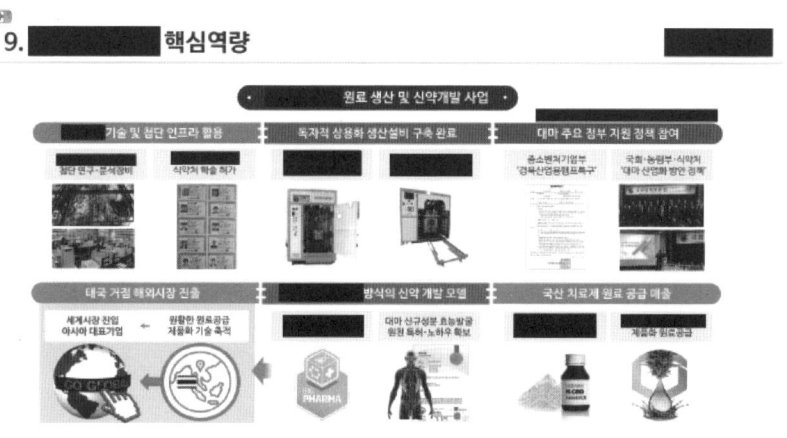

이 페이지는 마지막으로 해당 기업이 가진 주요 핵심 경쟁력이 무엇인지를 설명해주고 있다. 해당 기업이 창업 아이템 관련 기술과 인프라, 정부지원, 국내·외 네트워크를 가지고 있으므로 성공이 가능하다고 표현해주고 있다.

지금까지 145억 원 이상의 실제 투자유치를 성공한 사업계획을 살펴보았다. 해당 기업은 현재 기업가치 550억 원 이상의 평가를 받고 있고, 상장을 위해서 준비 중인 기업으로 단 표지를 포함해서 딱 10장으로 투자유치를 성공한 것이다. 위 기업의 사장(대표는 연구자)은 실제로 기업공개(IPO)를 두 번이나 했던 경험이 있는 전문 CEO이다. 위 사장님이 사업계획서 작성에 항상 강조하시는 것이 바로 간결함, 쉬움이다. 사실 대마 관련 의료기술은 기술적으로 일반인은 결코 이해하지 못할 정도의 고난도 기술이다. 실제로 엄청난 기술력을 가지고 있으면서 굳이 일반인이 이해도 못할 내용을 기재하지 않는 것이다. 여기에는 엄청난 노하우와 전략이 들어가 있는 것이다. 창업팀의 우수성과 특허만으로 모든 기술력에 대한 설명이 끝난 것이다. 창업을 하고자한다면 반드시 명심하자. 쉬운 사업계획서로 투자자를 설득해야 한다.

11 린스타트업

이제 드디어 창업 준비의 마지막 단계이다. 나는 창업 준비의 마지막 단계로 린스타트업(Eric Ries)을 말하고 싶다. 이는 창업 준비 단계와 창업실행 단계의 중간이다. 한마디로, 린스타트업은 일단 창업 아이템(서비스)을 최대한 빨리 만들고 시장의 반응도 살피고, 데이터를 쌓고, 측정해서 지속적으로 창업 아이템을 개선시키는 방법으로, 세상의 불확실성을 창업 아이템에 반영하자는 것이다.

린스타트업은 IMVU의 창립자 중 한 명인 에릭 리스(Eric Ries)에 의해 개발된 방법론이다. 그는 IMVU 설립 초기 자신들의 기대와는 다르게 실패의 어려움을 겪던 중 도요타 생산 시스템인 린 기 법에 영감을 받아 린스타트업을 개발하게 된다. 린 생산 방식에서는 가치 흐름 상에서 발생하는 낭비를 제거하는 것을 목표로 하는데, 이는 린스타트업에서도 그대로 적용된다. 리스는 어떤 수행이 가치를 창조하는지, 그렇지 않은지를 빨리 알아냄으로써 낭비를 제거해야 한다고 강조한다.

'스타트업이란 극심한 불확실성 속에서 신규 제품이나 서비스를 만들려고 나온 조직이다.'

또한 스타트업을 극심한 불확실성을 다루는 조직이라고 규정하고 있다는 점을 주목할 필요가 있다. 오늘날 거의 모든 기업들은 예측 불가능한 사업 환경에 놓여 있다. 현재 안정적인 수익을 창출하는 사업이 있다 하더라도 언제, 누군가에 의해 대체될지 예측할 수 없으며, 시장을 장악했다 하더라도 이를 유지할 수 있는 시간은 점점 짧아지고 있다. 이는 기업들로 하여금 파괴적인 혁신에 대한 요구를 높이는데, 혁신은 필연적으로 불확실성을 수반하게 된다. 이와 같이 불확실성이 높은 시대에는 표준적인 예측 모델, 제품 개발 프로세스 등의 기존의 경영 기법은 큰 효과를 내지 못한다. 따라서 새로운 사업 환경에는 이에 적합한 새로운 경영 기법이 필요하고, 이것이 바로 린스타트업 방법론이라고 말한다.

① 빨리 실험하라

PC를 처음 개발한 업체는 MITS이지만 이를 알고 있는 사람은 많지 않다. 대부분의 사람들은 애플 또는 IBM이 PC를 처음 개발했다고 생각한다. 마찬가지로 VCR를 처음 발명한 기업은 앰펙스였지만 사람들은 SONY나 JVC를 떠올린다. 왜 그럴까? 이 두 사례는 시장 창출에서 무엇이 중요한지를 보여준다. 시장 창출은 기술 혁신 그 자체가 아니라 고객에게 주는 가치 혁신에서 기인한다. 문제는 시장 창출이 가치 혁신에서 비롯된다는 사실을 알고 있다 하더라도 무엇이 고객에게 가치를 주는지 예측하기 어렵다는 것에 있다. 특히 기존에는 없었던 새로운 상품을 개발할 때에는 이에 대한 어려움은 증폭된다. 예측도를 높이기 위해 시장 조사를 철저하게 실시하고, 잠재 고객과 인터뷰를 여러 차례 실시하더라도 큰 효과를 기대하기는 어렵다. 왜냐하면 고객들도 본인이 무엇을 원하는지 모르고 있을 가능성이 크기 때문이다. 존재하지 않는 상품에 대해 상상력을 발휘하여 응답할 수 있지만, 이 반응은 실제품을 사용했을 때와는 크게 다를 수밖에 없다. 따라서 린스타트업에서는 완전하지 않더라도 최대한 빨리 상품을 만들어 고객에 대한 반응, 요구를 학습하는 것을 지향한다. 빠른 실험과 학습을 가능하게 해주는 것이 바로 최소 요건제품(Minimum Viable Product, MVP)과 만들기-측정-학습(build-measure-learn) 순환 루프이다.

② 최소 요건 제품(Minimum Viable Product, MVP)

최소 요건 제품이란 최소 노력과 개발 기간으로 만들기-측정-학습 사이클을 돌릴 수 있게 하는 제품 버전을 말한다. 한 가지 명심해야 할 것은 '최소 요건'이란 빠른 속도를 최우선으로 상품을 날림으로 만들어도 된다는 것이 아니라는 점이다. 이 말은 사업에 대한 핵심적인 가설을 시험할 수 있는 정도로만 개발하여 보다 빠르게 실행하라는 의미이다. 최소 요건 제품은 전통적인 방식 대비 더 적은 비용으로 더 빨리 고객에 대해 배울 수 있게 해준다.

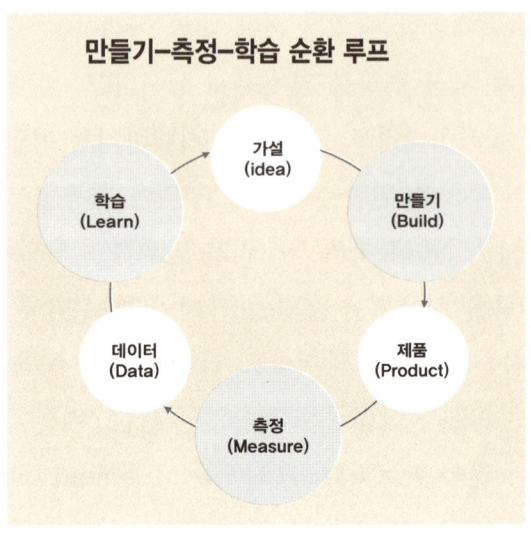

만들기-측정-학습 순환 루프

③ 만들기-측정-학습(build-measure-learn) 순환 루프

가설을 실험하고, 학습하는 것은 일회적인 프로젝트가 아니라 지속적인 과정이다. 최소 요건 제품은 한 번 만들고 끝내는 것이 아니라 학습한 내용을 바탕으로 다시 만들기-측정-학습 사이클을 반복한다. 사이클을 몇 회 반복한 후에는 지금까지 해오던 방향대로 계속 진행할지, 방향을 바꿀지를 결정해야 한다.

순환 루프를 반복함에 따라 회사가 바라는 이상적인 방향으로 나아가고 있다면 계속 그 방향으로 진행해도 되지만, 그렇지 않다면 전략이 본질적으로 잘못된 것을 인정하고 변화를 추진해야 한다.

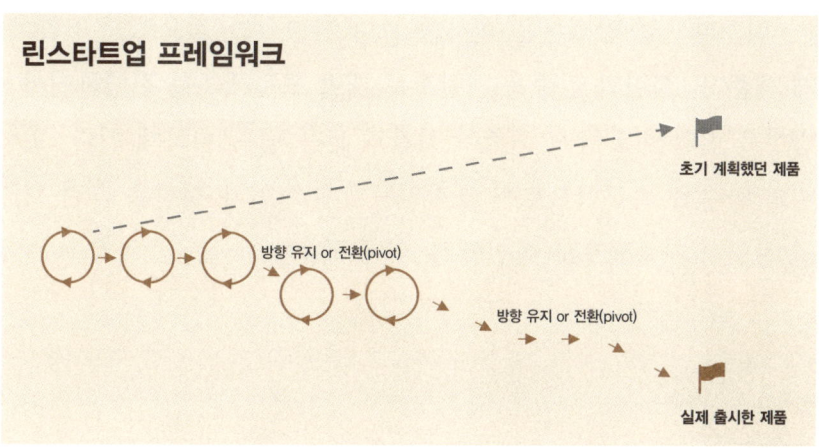

린스타트업 프레임워크

방향 유지 or 전환(pivot)

초기 계획했던 제품

방향 유지 or 전환(pivot)

실제 출시한 제품

방향전환(pivot)을 결정했다면, 출발선을 다시 잡고 거기서부터 만들기—측정—학습 사이클을 시작하면 된다. 만들기—측정—학습 순환 루프를 실행하면서 유효한 학습이 일어났다면 고객이 실제로 원하는 것이 무엇인지 찾아내고, 고객 요구에 맞게 제품, 서비스를 개발할 수 있을 것이다. 유효한 학습이란 고객이 무엇을 원하는지 알게 된 것을 뜻하는 것으로, 주관적인 지각이 아닌 실제 데이터, 사업 모델의 주요 지표 향상으로 검증되어야 한다. 다르게 말하면, 유효한 학습을 했다면 무엇을 만들어야 하는지 알게 되고, 이는 자연스레 지표 개선으로 이어진다는 것이다. 따라서 린스타트업에서 핵심적인 성과지표는 유효한 학습이 된다. 생산성이 높다는 것은 많은 제품, 서비스를 만들어 내는 것이 아니라 얼마나 제대로 된 학습을 했느냐가

기준이 되는 것이다. 리스는 "스타트업에서 중요한 것은 서비스나 기능을 만들어 내는 것이 아니라 지속 가능한 사업을 영위하기 위해 어떤 유효한 학습을 해내야 하는가에 있다."고 강조했다.

린스타트업 방법론은 회사를 보다 자본 효율적으로 운영할 수 있게 해준다. 실험과 검증을 기반으로 개발 프로세스를 진행하면서 언제 방향을 전환해야 알게 해주어 시간과 돈을 덜 낭비하게 된다. 또한 실험과 학습을 촉구함으로써 조직원들에게 기업가 정신을 훈련, 강화시켜 기업이 지속적으로 혁신할 수 있게 해준다.

5장 창업 실행

1 판로개척(마케팅)

제품을 만들었다면 이제 팔아야 한다. 근데 모든 창업 아이템의 판로개척 방법이 다 다르다. 해당 아이템(서비스)이 불특정 다수에게 파는 경우(음식점, 커피전문점 등 주로 사람이 살아가는데 필수적인 요소를 파는 아이템의 경우)가 있을 것이고, 특정 다수 또는 소수에게 파는 경우(캠핑용품, 일렉기타 등 특정 고객에게만 파는 아이템의 경우)가 있을 것이다. 이에 따라 마케팅 방법이 전혀 달라지는 것이다.

가장 완벽한 마케팅 방법은 시장을 가지고 창업하는 것으로 생각한다. 예를 들어서 구독자가 백만 명인 유튜버나 십만 명 블로거가 창업을 한다고 하면 이미 구독자를 가지고 창업을 하는 것이기 때문에 마케팅이 아주 어려운 것이 아닌 것처럼 말이다. 그러나 실제로 시장을 가지고 창업하는 경우는 거의 없다. 그래서 추천하는 방법이 시장을 가진 집단 또는 기관과 협력(중개수수료를 물건 하나당 몇 퍼센트 준다거나 하는 등)하는 방법이다. 만약에 시장을 가진 집단 또는 기관이 협력만 해준다면 창업은 반 이상 성공한 것이나 마찬가지이다. 위 집단 또는 기관에게 중개수수료를 주는 비용은 마케팅 비용에 비하면 결코 많은 것이 아니다. 특히 특정 다수 또는 소수에게 파는 아이템(서비스)일 경우에는 기존 시장을 가진 집단 또는 기관과의 협력이 마케팅의 핵심일 것이다.

최근 들어서 점점 마케팅 비용이 높아지고 있는데 그 이유는 최근 마케팅의 트렌드가 개개인 맞춤형으로 바뀌고 있고, 마케팅 경쟁도 심화되고 있어서다. 한국 사람 대부분이 이용하고 있는 카카오톡 서비스를 카카오에서 무상으로 제공한 이유 또한 고객을 확보하기 위해서이다. 그 결과가 어떤가? 카카오는 카카오톡을 사용하는 고객을 대상으로 사업을 무한으로 확장시켰다. 그 정도로 고객을 가지고 있다는 것은 창업에 엄청난 힘인 것이다. 근데 최근에는 고객을 확보하기 위해 무상으로 서비스를 제공하는 것에서 한 단계 나아가 돈을 주면서 고객을 확보하고 있고, 점차 그렇게 바뀔 것이다. 결국 홍보·마케팅에서도 사업 성패가 갈리게 됨을 명심하고, 마케팅 전략을 철저하게 짜보자.

• 마케팅 방식의 분류(존 윌름셔스트에 의한 구분)

비교	ATL (Above The Line)	BTL (Below the Line)	CTL (Cross—over the Line)
매개체	TV, 신문,라디오, 잡지 4대 매체와 케이블TV	이벤트,전시,스폰서쉽, 쿠폰,매장프로모션, 다이렉트마케팅,PPL, CRM, PRM	ATL 및 BTL에 속하지 않는 새로운 개념의 마케팅 활동으로 입소문 마케팅, SNS 마케팅 등
특성	일방향 커뮤니케이션	쌍방향 커뮤니케이션	쌍방향 커뮤니케이션
강점	노출효과 최대,히트 상품제조기,유행에 민감하고 남들의 시선을 중시하는 고객들에게 효과적	비용 절감 효과, 소비자들과 대면 마케팅으로 실제구매와 연결,실용적이고 합리주의적인 고객들에게 효과적	비대면이 주를 이루면서 디지털 영역의 커뮤니케이션 활동에 초점
약점	막대한 비용,타깃 고객층이 한정된 경우 비효율	세분화된 마케팅 실시로 시간,노력투자증가	다양한 개성과 욕구에 적합한 상품과 서비스 제공 노력
역할	브랜드 인지도 창출, 필수적인 정보제공, 이미지형성,브랜드 기억 등	가시성 창출,브랜드 아이덴티티와 연관된 브랜드 연상제공,브랜드 체험,선호도 증가,관계 구축	브랜드 선호도, 커뮤니티를 통한 동질감 소구, 디지털을 통한 확산효과 기대

• 마케팅 수단과 방법

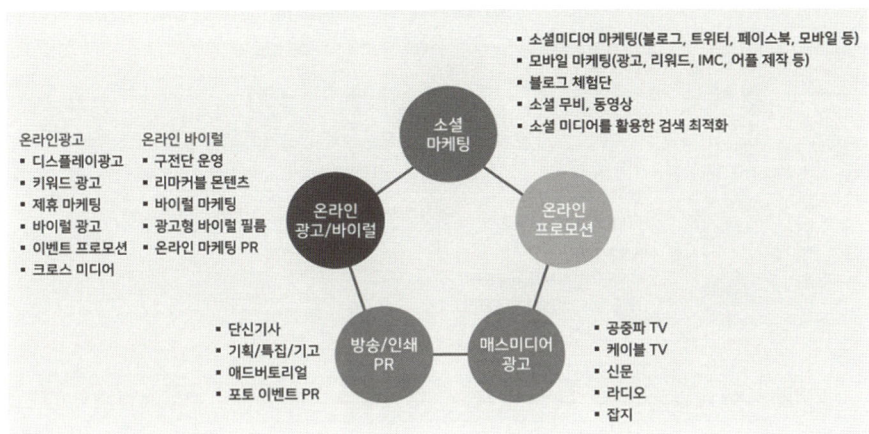

온라인광고
- 디스플레이광고
- 키워드 광고
- 제휴 마케팅
- 바이럴 광고
- 이벤트 프로모션
- 크로스 미디어

온라인 바이럴
- 구전단 운영
- 리마커블 콘텐츠
- 바이럴 마케팅
- 광고형 바이럴 필름
- 온라인 마케팅 PR

소셜
마케팅
- 소셜미디어 마케팅(블로그, 트위터, 페이스북, 모바일 등)
- 모바일 마케팅(광고, 리워드, IMC, 어플 제작 등)
- 블로그 체험단
- 소셜 무비, 동영상
- 소셜 미디어를 활용한 검색 최적화

온라인
프로모션

온라인
광고/바이럴

방송/인쇄
PR
- 단신기사
- 기획/특집/기고
- 애드버토리얼
- 포토 이벤트 PR

매스미디어
광고
- 공중파 TV
- 케이블 TV
- 신문
- 라디오
- 잡지

※ 출처 : Startup Ride

• 창업마케팅 실행전략(STP 전략)

STP 전략은 모든 마케팅 방법의 기초이며 다음과 같다.

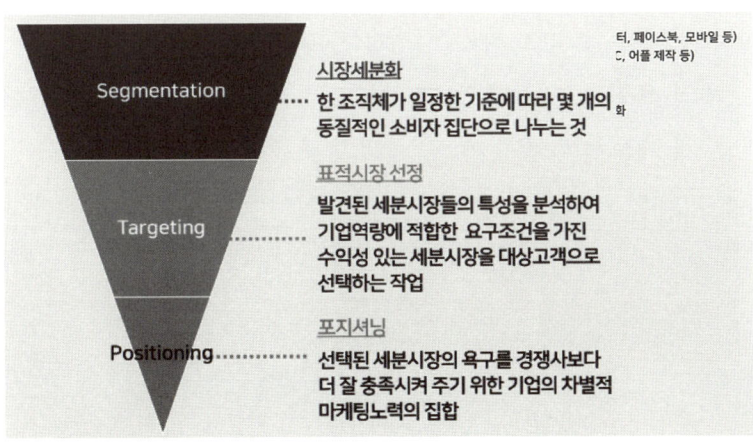

Segmentation ····· 시장세분화
한 조직체가 일정한 기준에 따라 몇 개의
동질적인 소비자 집단으로 나누는 것

Targeting ········· 표적시장 선정
발견된 세분시장들의 특성을 분석하여
기업역량에 적합한 요구조건을 가진
수익성 있는 세분시장을 대상고객으로
선택하는 작업

Positioning ······· 포지셔닝
선택된 세분시장의 욕구를 경쟁사보다
더 잘 충족시켜 주기 위한 기업의 차별적
마케팅노력의 집합

① 시장세분화

시장의 세분화는 시장 단일화와 시장세분화로 나뉜다.

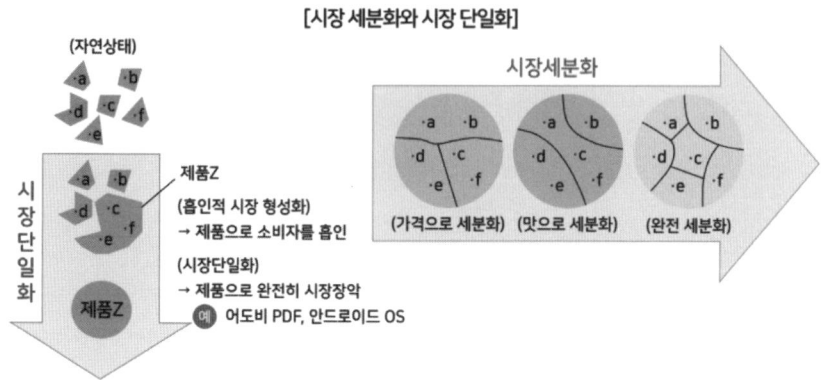

시장 단일화는 어도비 PDF, 안드로이드 OS처럼 제품으로 소비자를 흡인한 뒤 완전히 시장을 장악하는 경우를 말한다. 하지만 이러한 시장 단일화는 매우 어려운 방법이니 참고하기 바란다.

시장세분화는 가격으로 시장을 나눈다거나, 맛으로 시장을 나눈다거나 일정한 기준으로 시장을 나누는 것을 말하는데, 이렇게 시장을 세분화하는 이유는 바로 타깃 시장을 명확하게 하기 위한 것이다. 하지만 고객의 욕구가 지속적으로 진화하고, 기술이 진보하기 때문에 지속적으로 재 세분화가 필요하다.

이제 시장을 세분화하였다면 이제 표적시장을 선정하여야 한다.

② **표적시장 선정**

(세분 시장의 매력도 평가)

→ 세분 시장의 크기와 성장성을 평가한다

→ 나의 창업 아이템으로 해당 시장이 공략이 가능한지 판단한다

(목표시장 선정 및 진출전략)

→ 세분 시장에 맞는 진출 전략을 수립한다. 기업의 자원, 제품의 동질성, 제품 수명주기, 시장의 동질성, 경쟁사의 마케팅 전략에 따라 시장공략 전략을 구분함

③ **포지셔닝**

마지막으로 포지셔닝은 소비자의 마음속에 자사제품의 차별적 우위를 심어주기 위해 유리하고, 독특한 어떤 특징을 적극적으로 커뮤니케이션 하려는 모든 노력을 말하는데, 한마디로 어떻게 아이템(서비스)을 홍보할지 구체적인 전략을 짜는 것이다.

포지셔닝 전략의 유형은 아래와 같다.

유형	전략 예시
제품속성	재규어의 '아름다운 고성능 자동차'
사용상황	게토레이의 '운동 후 마시는 음료'
제품군	P&G 헤드앤숄더(Head&Shoulders) 샴푸의 '비듬 전용 샴푸'
제품사용자	다이슨(Dyson)의 '혁신기술의 체험' 나이키의 '에어조던'

경쟁적 포지셔닝	렌터카 업체 Avis사 '우리는 2위입니다. 그래서 더 노력합시다' Seven-up '콜라가 아니다'

• 2025년 최신 마케팅 트렌드 5가지

(AI 기반 맞춤형 광고의 대중화)

→ AI가 광고를 기획하고 실행하는 시대가 본격적으로 열리고 있으며, 개인의 관심사와 행동 데이터를 분석해 최적화된 광고를 제공하는 기술이 점점 정교해지고 있다. 그래서 구글, 네이버, 페이스북, 틱톡 등 광고 플랫폼들이 AI 알고리즘을 더욱 강화하고 있는 마케팅 방법이다.

→ 실제 사례 : 브랜드 A는 AI 기반 광고 타깃팅을 활용하여 광고 효율성을 35% 향상

→ 마케팅 팁 : AI 기반 광고 플랫폼을 적극 활용, GPT를 활용해 광고 카피 생성을 자동화

(고객 경험 중심 마케팅의 확대)

→ 이제 소비자는 단순한 제품 구매를 넘어, 브랜드가 제공하는 경험을 중시하므로, 고객 맞춤형 커뮤니케이션이 마케팅의 핵심이 되고 있음, 소셜미디어, 라이브 쇼핑, 인터랙티브 콘텐츠를 활용한 경험 중심 마케팅이 중요해진다.

→ 실제 사례 :브랜드 B는 고객 데이터를 기반으로 개인 맞춤형 마케팅 전략을 실행하여 고객 충성도를 40% 증가

→ 마케팅 팁 : 고객이 브랜드를 경험할 수 있는 다양한 터치포인트를 마련, 맞춤형 이메일 마케팅, 라이브 Q&A 세션을 활용

(인플루언서 & UGC(User-Generated Content) 마케팅의 강화)

→ MZ 세대는 광고보다 실제 사용자의 경험을 더 신뢰하므로, 유튜브, 인스타그램, 틱톡 등의 인플루언서 마케팅이 더욱 중요해질 전망임, 소비자가 직접 참여하는 콘텐츠(UGC)가 브랜드 신뢰도를 높이는 데 큰 역할이다.

→ 실제 사례 : 브랜드 C는 인플루언서 협업을 통해 신제품 출시 후 첫 달 매출이 120% 상승

→ 마케팅 팁 : 브랜드와 어울리는 마이크로 인플루언서(팔로워 1만~10만)와 협업, 소비자가 직접 참여하는 UGC 캠페인을 기획

(숏폼 콘텐츠 & 영상 마케팅의 폭발적 성장)

→ 틱톡, 인스타 릴스, 유튜브 쇼츠 - 숏폼 콘텐츠가 메인 트렌드로 자리 잡고 있는데, 긴 글보다 짧고 강렬한 영상이 더 큰 영향을 미친다. 제품 소개, 브랜드 스토리, 인터뷰, 챌린지 등 다양한 포맷의 숏폼 영상 활용이 필수이다.

→ 실제 사례 : 한 스타트업은 틱톡 광고를 활용해 매출이 300% 증가

→ 마케팅 팁 : 15~60초 길이의 짧고 강렬한 영상 콘텐츠를 제작, 스토리텔링 요소를 가미한 콘텐츠를 활용

〈지속 가능성(Sustainability) 중심의 브랜드 마케팅〉

→ 이제 소비자들은 윤리적 소비를 더욱 중요하게 생각한다. 친환경, 사회적 책임, ESG(환경·사회·지배구조) 경영이 브랜드 마케팅에서 핵심 요소로 떠오르고 있고, 소비자들은 지속 가능한 가치를 실천하는 브랜드를 더욱 신뢰하고 선택한다.

→ 실제 사례 : 브랜드 D는 지속 가능성 캠페인을 진행하여 브랜드 이미지 개선 & 고객 유입률 60% 증가를 달성

→ 마케팅 팁 : 브랜드가 실천하는 지속 가능성 관련 활동을 적극적으로 공유, 친환경 패키징, 사회공헌 활동 등을 콘텐츠로 활용

2 경영관리

창업을 실행 한 후에는 경영관리도 상당히 중요하다. 경영관리는 즉, 총무, 재무, 세무, 회계, 인사·노무, 법무 등의 경영을 운영함에 있어 지원하는 역할을 해주는 것이다. 창업 초기에는 이 모든 경영관리를 대표가 거의 직접 다하는 경우가 많다.

경영관리는 조직의 목표를 달성하기 위하여 조직이 가지고 있는 인적·물 적 자원 및 자본과 기술 등을 효율적으로 운영하는 것을 말한다. 이러한 경영 관리의 기능은 인적 자원 관리 기능, 생산 운영 관리 기능, 마케팅 관리 기능, 재무 관리 기능, 회계 정보 관리 기능으로 나눌 수 있다.

경영관리 순환 과정 경영 관리 순환 과정(management cycle)이란 기업이 조직체의 활동을 효율적으로 수행하기 위하여 조직체의 활동을 계획·조직·지휘(조정)·통제하는 일련의 순환 활동을 말한다. 경영관리의 활동은 개별적으로 움직이기보다 톱니바퀴처럼 서로 맞물려 돌아가면서 각각의 역할이 유기적 조합을 통해 상호 작용을 한다.

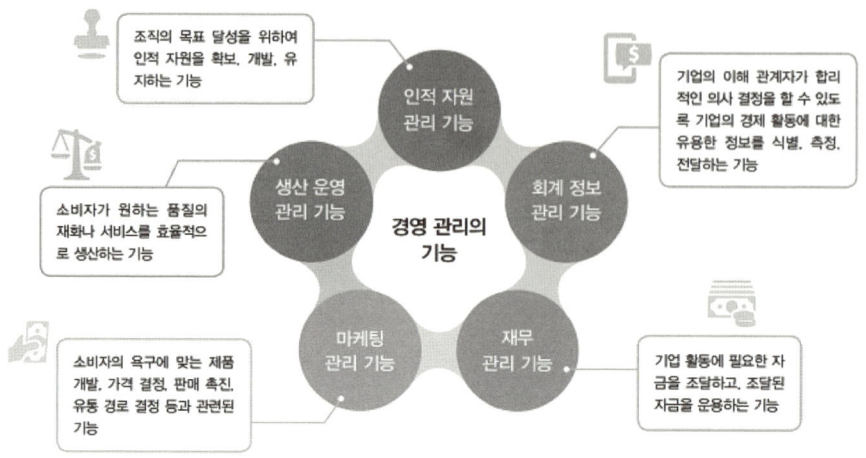

경영 관리의 기능

- 인적 자원 관리 기능: 조직의 목표 달성을 위하여 인적 자원을 확보, 개발, 유지하는 기능
- 회계 정보 관리 기능: 기업의 이해 관계자가 합리적인 의사 결정을 할 수 있도록 기업의 경제 활동에 대한 유용한 정보를 식별, 측정, 전달하는 기능
- 생산 운영 관리 기능: 소비자가 원하는 품질의 재화나 서비스를 효율적으로 생산하는 기능
- 마케팅 관리 기능: 소비자의 욕구에 맞는 제품 개발, 가격 결정, 판매 촉진, 유통 경로 결정 등과 관련된 기능
- 재무 관리 기능: 기업 활동에 필요한 자금을 조달하고, 조달된 자금을 운용하는 기능

• 경영 관리의 과정 4가지

(계획(planning))

→ 기업의 목표를 달성하기 위하여 어떻게 활동해야 하는지에 대한 구체적인 방법을 결정하는 것으로 목표에 대한 전략 수립과 수행 활동에 관한 의사 결정 과정을 말한다. 경영 활동에서 계획 수립이 중요한 이유는 다음과 같다.

→ 불확실한 미래에 대한 방향을 제시하고 위험을 감소시킨다.

→ 구성원이 기업의 목표에 집중할 수 있도록 목표 지향적인 조직 체계를 만든다.

→ 경영자가 구성원의 성과를 평가하기 위한 표준을 제공한다.

→ 자원, 업무 등의 중복을 막아 효율적인 경영을 가능하게 한다.

(조직(organization))

→ 조직이란 공동의 목표를 달성하기 위하여 의도적으로 체계화된 구조에서 구성원이 필요한 활동을 결정하고 상호 간에 협조하며 수행하는 2인 이상의 집합체를 말한다. 조직화(organizing)는 각 조직마다 목표, 환경, 구성원의 특성에 적합하도록 조직의 구조를 설계하는 것을 의미한다. 현대 사회는 조직의 규모가 커지면서 많은 업무량에 대한 효율적 관리와 함께 과업의 표준화를 통한 합리적이고 체계적인 조직화가 필요하게 되었다.

→ 조직 구조는 성공적인 기업 활동을 위하여 필요한 일과 부서, 직위나 권한 관계 등을 안정적으로 만들어 놓은 뼈대와 같다. 모든 기업은 조직 구조를 바탕으로 각 부서 간의 업무를 정하고 인적 자원을 배분하게 되는데, 조직 구조의 형태에는 다음과 같은 것들이 있다.

(지휘(directing))

지휘는 조직 구성원들이 맡은 임무를 효율적으로 수행하여 조직의 목표를 달성하도록 그들에게 동기를 부여하고 지도하는 관리 활동이다. 경영자는 지휘 활동을 통하여 리더십 발휘 및 구성원의 동기를 유발하며, 구성원들과 원활한 의사소통을 한다. 지휘 활동은 조직의 목표 달성과 기업 문화 형성에 중요한 요소가 되고 있다.

→ 동기 유발(motivation) 동기 유발은 구성원이 자발적으로 자신의 과업을 이행하도록 의욕을 불러일으키는 과정이다. 기업은 목표 달성을 위해 개인이 구체적인 목표를 지향하도록 효과적으로 지휘 활동을 하여 리더십이나 동기 유발을 일으킨다.

→ 리더십(leadership) 리더십은 한 사람이 다른 사람의 지지와 도움을 얻는 사회적 영향의 과정으로 조직의 목적을 달성하기 위해 구성원을 일정한 방향으로 이끌어 성과를 창출하는 능력이다. 즉, 조직의 목표를 달성하기 위하여 경영자가 구성원이 자발적으로 노력하도록 영향력을 행사하는 과정이라 할 수 있다. 리더십 분야의 대표적 학자인 레빈은 3가지 유형의 리더십을 제시하였다.

→ 의사소통(communication) 의사소통이란 사람과 사람, 사람과 기계, 기계와 기계 사이에 이루어지는 정보의 이전 과정으로 두 사람 이상이 언어 혹은 비언어적 수단을 통하여 의견, 감정, 정보를 전달하고 피드백을 받으면서 상호 작용하는 과정을 의미한다.

(통제(controlling))

통제는 기업의 목표를 달성하기 위하여 모든 일이 계획대로 진행되도록 관리하는 활동이다. 즉, 경영자가 계획한 대로 경영 활동이 이루어지고 있는지를 측정하고 계획에서 벗어날 때는 시정 조치를 하는 과정을 말한다. 통제 활동은 표준의 설정, 업무 성과의 측정, 업무 성과와 표준의 비교, 원인 분석과 피드백 등 4단계로 이루어진다.

3 네트워크

창업은 물론 대표자 능력이 좋아야 성공할 수 있지만, 주변 네트워크가 좋아서 나의 사업을 도와준다면 그야말로 바랄 것이 없을 것이다. 주위에 아는 투자자들은 사업 아이템의 성공 가능성, 시장성, 기술성 등 여러 가지를 가지고 기업을 평가하고 투자하지만, 하나같이 하는 이야기가 대표가 마음에 들어야 투자를 한다고 이야기 한다. 그렇다 내가 주위에 평판이 좋아야 투자도 받을 수 있는 것이고, 사업을 더 확장할 수 있는 것이다. 특히 주변 네트워크가 좋다면 정보도 빨리 캐치하여 변화에 잘 적응도 가능한 것이다. 이처럼 네트워크가 곧 창업자의 경쟁력인 것이다.

• **창업자 네트워크** : 같은 업을 하는 창업자들이 꼭 경쟁자는 아니다. 친해진다면 오히려 협력하여 힘든 상황을 잘 극복할 수도 있고, 정보도 서로 교환할 수 있는 것이다. 그렇기 때문에 창업자는 비슷한 업을 하는 창업자들과 친분을 잘 쌓아두도록 하자.

• **투자 네트워크** : 창업기업은 투자를 받지 못하면 크게 성장하기가 힘들다. 또한 투자자들은 항상 창업 트렌드에 대해서 잘 알고 있기 때문에 멘토로서의 역할도 가능하기 때문에 항상 투자사와 친하게 지내면서 네트워크를 쌓자

• **창업지원 기관 네트워크** : 정부과제 담당자, 창업보육 매니저 등과 친하게 지내야 한다. 창업지원 기관과 친해진다면, 우선 다양한 지원을 많이 받을 수 있고, 정보도 얻을 수 있다.

• **전문가 네트워크** : 위에서 언급하였듯이, 창업은 정말 다양한 변수가 있고, 항상 어려움이 닥친다. 내가 도움을 청할 사람이 없다면 이 모든 어려움을 혼자 감당해야 하는데 이는 정말 어려운 과정일 것이다. 그렇기 때문에 주위에 항상 나의 멘토가 되어줄 유능한 전문가를 가까이 하여야 한다.

• **기타 협력 네트워크** : 기타 네트워크로는 광고업 종사자(인플루언서), 생산공장(제조업인 경우) 등 사업 활동에서 접하는 모든 협력 네트워크를 말한다. 주위 네트워크를 잘 활용하여 힘든 창업을 성공으로 이끌자.

6장 EXIT

이 EXIT 전략에 대해서는 조금 의견이 분분한 경우도 있다. 엑스트 전략이라는 것이 한마디로 스타트업의 출구전략인 것인데, 기업가 정신으로 창업을 했으면 거기에 대해서 끝까지 책임져야지 창업하기 전부터 EXIT 전략을 짠다는 것은 책임감이 없다는 것이다. 하지만 필자는 EXIT 전략은 책임감과는 전혀 다른 이야기라고 생각한다. 오히려 창업기업을 성공으로 이끈 후, 그 자본으로 다른 기업에 투자하는 선순환 구조가 이루어질 수도 있을 것으로 생각한다.

1 기업공개(IPO)

아마 창업기업들이 가장 원하는 EXIT 전략 중 하나가 바로 기업공개(IPO)일 것이다. 기업공개(IPO)란 외부투자자에게 주식을 공개하고 이를 매도하는 것을 의미한다. IPO 진출 시장 전망은 썩 밝지만은 않다. 기술특례상장제도를 통하여 상장한 기업들이 최근 실적이 저조하고, 상장 폐지되는 경우가 늘고 있어 점점 기술특례상장 조건도 까다로워지고 있는 까닭이다. 그렇기 때문에 상장조건이 무엇인지 정확히 따져보고, 철저하게 준비를 하여야 한다.

• IPO 상장 절차

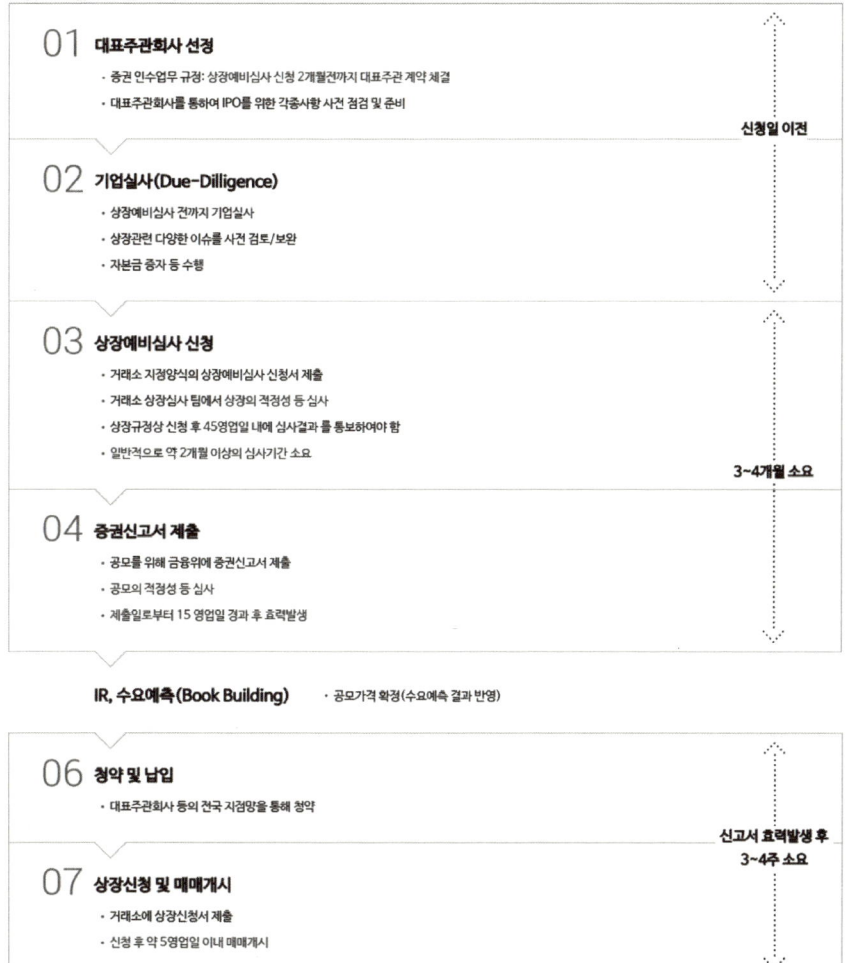

01 대표주관회사 선정
- 증권 인수업무 규정: 상장예비심사 신청 2개월전까지 대표주관 계약 체결
- 대표주관회사를 통하여 IPO를 위한 각종사항 사전 점검 및 준비

신청일 이전

02 기업실사(Due-Dilligence)
- 상장예비심사 전까지 기업실사
- 상장관련 다양한 이슈를 사전 검토/보완
- 자본금 증자 등 수행

03 상장예비심사 신청
- 거래소 지정양식의 상장예비심사 신청서 제출
- 거래소 상장심사 팀에서 상장의 적정성 등 심사
- 상장규정상 신청 후 45영업일 내에 심사결과 를 통보하여야 함
- 일반적으로 약 2개월 이상의 심사기간 소요

3~4개월 소요

04 증권신고서 제출
- 공모를 위해 금융위에 증권신고서 제출
- 공모의 적정성 등 심사
- 제출일로부터 15 영업일 경과 후 효력발생

IR, 수요예측(Book Building) · 공모가격 확정(수요예측 결과 반영)

06 청약 및 납입
- 대표주관회사 등의 전국 지점망을 통해 청약

신고서 효력발생 후
3~4주 소요

07 상장신청 및 매매개시
- 거래소에 상장신청서 제출
- 신청 후 약 5영업일 이내 매매개시

※ 출처 : 신한투자증권(https://www.shinhansec.com/siw/ib/ecm/ib_ecm_ipo_tab1_3/contents.do_)

• 코스닥 시장 상장요건

(IPO 질적 심사 요건)신청법인이 상장기업으로서 적격한지 여부를 판단하기 위하여 질적 측면을 검증하는 요건으로서 기업경영의 계속성, 경영 투명성 및 경영 안정성, 기타 투자자보호에 관한 사항으로 구분

→ 기업경영의 계속성 : 영업, 재무상황, 기술력 및 성장성, 기타 경영환경 등에 비추어 기업의 계속성이 인정될 것

→ 경영 투명성 및 경영 안정성 : 기업지배구조, 내부통제제도, 공시체제 및 이해관계자와의 거래, 상장 전 주식거래 등에 비추어 경영 투명성 및 경영 안정성이 인정될 것

→ 기타 투자자 보호 : 기타 투자자보호 및 코스닥 시장의 건전한 발전을 저해하지 않는다고 인정될 것

구분	일반기업(벤처 포함)		기술성장기업 *	
	수익성·매출액 기준	시장평가·성장성 기준	기술평가 (혁신기술)	성장주선인 추천 (사업모델)
주식분산 (택일)	1. 소액주주 500명 & 25%이상, 청구후 공모 5% 이상(소액주주 25% 미만시 공모 10%이상) 2. 자기자본 500억 이상, 소액주주 500명 이상, 청구후 공모 10%이상 & 규모별 일정주식수 이상 3. 공모 25% 이상 & 소액주주 500명 4. 국내외 동시공모 20% 이상 & 국내공모주식수 30만주 이상 & 소액주주 500명 5. 청구일 기준 소액주주 500명 & 모집에 의한 소액주주 지분 25% (or 10% 이상 & 공모주식수가 일정주식수 이상) * 자기자본 500억~1,000억: 100만주, 자기자본 1,000억~2,500억: 200만주, 자기자본 2,500억 이상: 500만주 (시가총액 기준은 자기자본 금액의 2배)			

경영성과 및 시장평가 등 (택일)	1. 법인세비용차감전계속사업이익 50억원 2. 법인세비용차감전계속사업이익 20억원 [벤처: 10억원] & 시총 90억원 3. 법인세비용차감전계속사업이익 20억원 [벤처: 10억원] & 자기자본 30억원 [벤처: 15억원] 4. 법인세비용차감전계속사업이익 있을것 & 시총 200억원 & 매출액 100억원 [벤처: 50억원]	1. 시총 1,000억원 2. 시총 500억 & PBR 2배 이상 3. 시총 500억 & 매출 30억 & 최근 2사업연도 평균 매출증가율 20% 이상 4. 시총 300억 & 매출액 100억원이상 [벤처50억원] 5. 자기자본 250억원 6. 코넥스 법인이 다음 요건 충족할 것 – 시총 750억원 이상 – 최근 1년 일평균거래대금 1억원 이상 – 소액주주 지분 20% 이상	1. 자기자본 10억원 2. 시가총액 90억원	
			*전문평가기관의 기술 등에 대한 평가를 받고 평가결과가 A&BBB등급 이상일 것	*상장주선인이 성장성을 평가하여 추천한 중소기업일 것
감사의견	최근사업연도 적정			
경영투명성 (지배구조)	사외이사, 상근감사 충족			
기타 요건	주식양도 제한이 없을 것 등			

* 기술성장기업: 전문기관 기술평가(복수) 결과 A & BBB 등급 이상인 기업

※ 출처 : 신한투자증권(https://www.shinhansec.com/siw/ib/ecm/ib_ecm_ipo_tab1_3/contents.do_)

• 국내 IPO 동향

24년 8월까지 스펙을 제외한 신규 상장기업은 38곳으로 전년 동기 대비 4곳 감소, 공모금액은 1조 6,710억 원으로 전년 동기 대비 59.5% 증가, 공모 규모는 7월에 상장한 HD현대마린솔루션(선박 After Service 사업)이 7,400억 규모로 최대 규모이다.

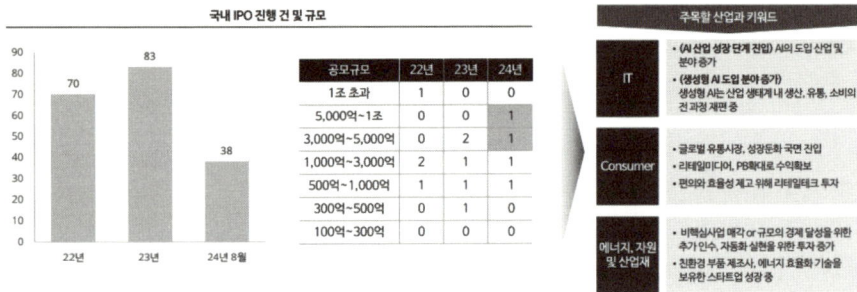

2024년 주목받고 있는 투자 분야로는 AI, 바이오, 유통, 팹리스/소부장, 로보틱스/자율주행 부문 스타트업이다.

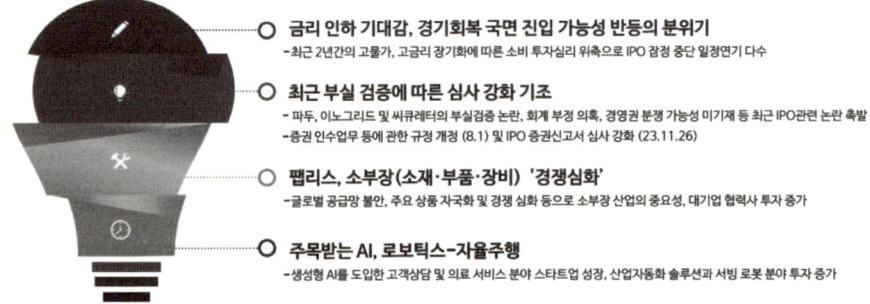

※ 출처 : 2024. For information, contact Deloitte Anjin LLC

2 M&A

2022년 경제불황으로 잠시 규모가 줄었지만, M&A 시장은 점차 커지고 있다. 투자 유치가 어려워진 스타트업이나 회사 자체 제품이나 서비스만으로는 성장에 한계를 느낀 기업, 혹은 기업 승계에 어려움을 겪는 기업들이 M&A에 관심이 있기 때문인데, 전반적으로 우리나라 스타트업 M&A 시장은 성장하고 있다. 스타트업 M&A 시장 규모는 양적 완화가 최고조였던 2021년 11조 원이었으나 2022년 3.3조, 2023년 2.5조 원으로 감소했다. 그러나 이는 2022년 시작한 양적 완화 축소에 의한 단기적 감소로 2016년 1.2조에 비하면 큰 폭으로 늘어난 것이다. [1]

일반적으로 M&A의 절차는 다음과 같다. [2]

---

1 출처 : 스타트업얼라이언스 버티컬리포트 2024-01호, '스타트업 M&A 현황 및 활성화 방안'
2 출처 : 삼일회계법인, M&A 가이드북, 2022.10.

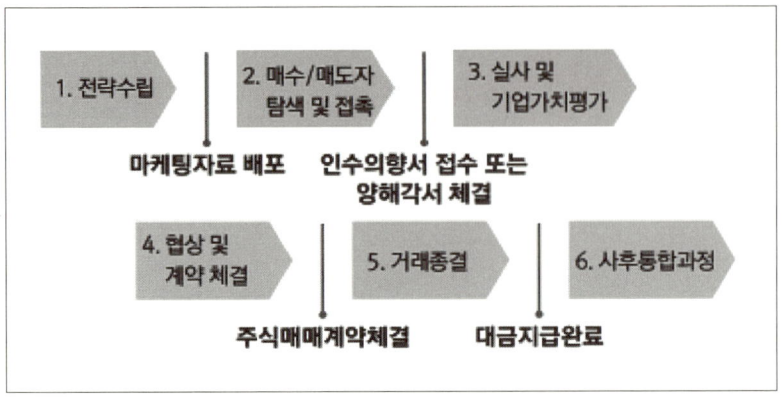

• 전략수립

　　매수자와 매도자가 각각의 M&A 전략을 수립하고 검토하는 단계이다. 매수자는 기존 사업과 시너지를 창출할 수 있는 사업분야가 무엇인지, 또한 해당 사업분야에 속하는 매물이 M&A 시장에서 활발하게 거래가 되는지 파악해야 하는데, 추가적으로 최근 M&A 시장의 동향을 파악하여 거래가격의 수준을 파악하고, 예상되는 인수대금의 규모 및 조달방식을 검

　　토해야 함, 매도자는 지금이 최적의 매각시점인지, 또한 높은 매각금액을 받기 위해 잠재적 매수자들에게 제시할 수 있는 매각대상 회사의 투자 강점이 무엇인지에 대한 고민이 필요한데, 추가적으로 성공적인 매각을 위한 내부 TFT 구성 및 외부자문사 선임절차가 이루어져야 한다.

• 잠재적 매수/매도자 탐색 및 접촉

매수자는 M&A의 목적과 전략에 맞춰 잠재적 인수 대상 회사 list를 작성하고 접촉한다.

매도자는 매각대상 회사의 재무정보, 기본현황에 대한 기초적인 정보를 담은 Teaser를 작성해 잠재적 매수자에게 제공한다. 다만 Teaser의 경우 매각대상 회사의 실명은 드러내지 않는다. Teaser 검토 후 투자 의향이 있는 잠재적 매수자들은 비밀 유지협약(NDA:on-Disclosure Agreement)에 서명 후 인수의향서(LOI: Letter of Intent)를 제출함으로써 대상회사의 실명을 포함하여 보다 많은 정보가 담긴 IM(Information Memorandum)을 제공받을 수 있다.

• 실사 및 기업가치평가

매수자는 매도자와 양해각서(MOU: Memorandum of Understanding)를 체결한 후, 매도자가 제공하는 매각대상 회사의 정보를 바탕으로 실사를 진행하게 되는데, 실사를 통해 매수자는 매각대상 회사를 재무, 세무, 법률 등 다양한 관점에서 이해하고 거래에 영향을 미칠 수 있는 요인을 파악하며, 이후 실사 과정에서 발견한 사항을 바탕으로 거래가격 산정을 위해 기업가치평가를 수행한다.

• 협상 및 계약체결

실사와 기업가치평가의 결과를 바탕으로 매수자와 매도자 간 협상이 이루어지며, 협상결과를 바탕으로 본 계약을 체결한다. 가장 대표적인 M&A 거래형태인 지분양수도의 경우 주식매매계약서(SPA: Share Pur chase Agreement)를 체결하며, 이때 매수 혹은 매도자의 기술 및 보장, 선행조건, 계약해제 등 주식매매계약의 필수 조항들을 서로 확인하고 협상하게 된다.

• 거래종결(Closing)

본 계약 체결 이후에는 거래 종결을 위한 선행조건들의 이행이 필요하다. 가령 매수자(기업)와 매각대상 회사의 주주총회 승인이 필요하거나, 정부 등 인허가 기관의 승인이 필요한 경우에는 이러한 사항들이 거래 종결을 위한 선행조건이 된다. 선행조건들의 이행이 완료되었다면 최종적인 대금정산을 위해 SPA상 가격조정방식에 따라 정산실사가 진행되며, 이후 최종적으로 매매대금이 지급 완료됨에 따라 거래가 종결된다.

• 사후통합과정(PMI)

거래종결 이후 인수대상 회사와 기존 매수자(기업) 간 효과적인 융합을 이끌어내기 위하여 조직, 문화, 시스템, 채널 등 다양한 영역에서 통합을 이루는 사후통합과정(PMI: Post Merger Integration)이 진행되어야 한다. 과거에는 M&A에 있어 PMI는 중요한 요소가 아니었으나, 최근 들어 M&A의 성패 여부에 PMI가 중대한 영향을 미치는 사례가 조명됨에 따라 PMI는 M&A에 있어 아주 중요하게 고려되는 절차가 되어가고 있다.

3   Start-up Flip

위의 **IPO 및 M&A 전략** 이외에도 플립이라는 방법을 창업자 분들에게 소개하고 싶다.

플립은 한국에서 법인을 설립하여 운영하다가 미국 진출을 위해 미국에 본사를 설립하고 기존의 한국법인을 지사로 만드는 개념이다. 그렇다면 플립을 왜 하는 것일까? 실제로 플립은 상당한 시간과 비용이 듦은 물론, 그 과정에서 예기치 못한 문제가 발생하는 것은 당연하게 생각할 정도로 험난하다.

우선 플립을 하는 이유는 세 가지다.

첫째로, 미국 VC의 투자를 받기 위해서이다. 우리나라와 비교도 안될 정도로 규모가 크고 개수도 많은 미국 VC의 투자를 받기 위해서는 미국에 컨트롤 타워가 있어야 한다.

두 번째로, 현지 고객과의 원활한 거래를 위해서다. 특히 고객에게 물건을 팔고 세금 처리를 해야 하는데, 이 과정에서 우리나라 기업이 직접 물건을 판다면 외환거래법 문제 등 다양한 문제가 생긴다.

세 번째로, 한국에서는 불법이고, 미국에서는 합법이다. 예를 들자면 '원격의료'의 경우 우리나라는 '의사—의사'간만 허용되고 '의사—환자'간은 원칙적으로 불법이다. 하지만 해외에서는 원격의료가 허용되기 때문에 플립을 하기도 한다.

• 플립의 글로벌 트렌드

최근 글로벌 기업들의 본사 이전(플립) 전략은 단순한 세금 회피에서 벗어나, 복합적인 다국적 세금 전략과 지정학적 리스크 관리를 포함하는 방향으로 빠르게 진화하고 있다.

2015년 OECD의 BEPS(Base Erosion and Profit Shifting) 프로젝트가 본격 시행되면서, 다국적 기업들은 이전보다 정교한 세금 전략을 요구받고 있으며, BEPS 규제는 기업들이 각국의 세금 혜택만을 목적으로 한 본사 이전을 방지하기 위해 설계되었으며, 국가 간의 세원 잠식을 막고 조세 투명성을 강화하려는 목표를 가지고 있다.

이로 인해 단순한 세금 회피의 전략에서 벗어나, 안정적인 법적 환경과 지정학적 리스크를 줄일 수 있는 지역으로 본사를 이전하는 추세가 두드러지고 있는 것이다.

특히 싱가포르와 두바이는 기업들이 규제 부담을 최소화하면서 글로벌 네트워크와 투자자 접근성을 높일 수 있는 매력적인 선택지로 떠오르고 있는데, 이러한 환경은 BEPS 규제 준수 외에도 ESG 요건, 디지털 친화적 환경을 고려하는 핀테크 및 블록체인 기업에 유리하게 작용한다. 싱가포르는 아시아 시장의 중심지로서 낮은 법인세율, 투자자

접근성, 그리고 법적 투명성이 강점이며, 두바이는 중동 및 북아프리카 시장으로의 확장 가능성과 세금 혜택, 스타트업 친화적 규제를 갖춘 점에서 많은 기업들에게 매력적인 선택지로 떠오르고 있다.

• 한국 스타트업의 플립 경향과 선호 국가

최근 한국 스타트업들 사이에서도 플립을 통해 글로벌 확장과 투자 유치를 극대화하려는 움직임이 활발해지고 있는데, 한국무역협회의 보고서에 따르면, 2024년 기준 한국 스타트업 중 49.5%가 해외에 본사를 두고 있으며, 그중 많은 비율이 북미, 싱가포르, 동남아를 주요 확장 지역으로 삼고 있다. 미국과 싱가포르는 특히 자본 유치와 글로벌 네트워크 구축 측면에서 매력적인 것이다.

싱가포르는 아시아 시장 접근성과 낮은 법인세율, 유연한 규제 환경 때문에 선호되며, 미국은 자본 유치와 글로벌 네트워크 확장을 위해 특히 매력적인 선택지로 꼽히는데, 이러한 변화는 특히 핀테크 및 디지털 서비스 분야의 스타트업들 사이에서 두드러지며, 빠르게 변화하는 글로벌 규제 환경에 적응하고 더 넓은 시장에서 성장을 도모하기 위한 전략적 선택으로 분석됨

• 2024년 기준 싱가포르의 벤처 자금 조달 규모는 약 9억 9천 8백 5십만 달러에 달했으며, 총 171건의 투자 거래가 이루어졌는데, 이는 글로벌 벤처 자금 시장이 다소 주춤한 가운데에서도 싱가포르가 강력한 벤처 자금 유치 허브로서의 입지를 굳건히 유지하고 있음을 보여준

다. 특히, 싱가포르는 동남아시아 지역에서 가장 많은 벤처 자금을 유치했으며, FinTech와 딥테크 분야에서 두드러진 성장세를 기록했고, 싱가포르는 또한 초기 단계 투자와 딥테크 분야에서 강력한 투자 기반을 갖추고 있어, 한국 스타트업들에게는 주요 자금 조달처이자 사업 확장지로 계속 주목받고 있다.

• 또한, 한국 스타트업들 사이에서 주목받고 있는 본사 이전지 중 두바이를 꼽을 수 있는데, 두바이는 중동 및 북아프리카(MENA) 시장의 관문 역할을 할 뿐만 아니라, 스타트업 친화적 규제와 다양한 인센티브를 제공해 핀테크, 블록체인, 디지털 헬스케어와 같은 첨단 산업 스타트업에 매력적인 선택지로 인식되고 있어 두바이 국제금융센터(DIFC)가 제공하는 법적 보호와 비즈니스 네트워크도 글로벌 확장을 목표로 하는 스타트업들에 긍정적인 요소로 작용하고 있다.

플립 방식	방법	장점	단점	적합 산업군
주식 교환 (Share Swap)	기존 회사의 주주들이 새로운 해외 모회사의 주식을 받고, 기존 회사는 새 모회사의 자회사로 편입	기존 소유 구조와 경영 연속성을 유지할 수 있으며, 법적 절차가 비교적 명확	주주 승인이 필요하며 세금 문제가 발생할 수 있음	기술, 금융, 전자상거래
역합병 (Reverse Merger)	해외에 설립된 새로운 법인에 기존 본사를 합병시켜 새로운 법인으로 본사를 이전	절차가 간단하고 빠르게 진행할 수 있음. 기존 법적 지위 유지	일부 국가에서 합병 규제가 까다롭고, 기존 주주 구조가 복잡해질 가능성	모빌리티, 배달 서비스, 중견 대기업

자산 매각 후 신설 법인인수 (Asset Sale and New Entity Acquisition)	새로운 법인을 설립하여 기존 자산 및 사업을 매각 후 신설 법 인이 인수	새로운 법적 관 할지에서 완전 히 새로 출발할 수 있으며 자산 재구성 기회 제 공	자산 매각 시 높 은 세금 발생 가능성 및 기존 사업 연속성 저 해 위험	스타트업, 중소 기업, 신생 기술 기업
지주회사 구조 도입 (Holding Company Structure)	새로운 국가에 지 주회사 (Holding Company)를 설 립하고, 기존 본사를 자회사 로 전환	다국적 구조로 세금 관리 및 사 업 확장에 유리 하며 다양한 사 업부 통제 용이	구조가 복잡해 지고 이중과세 문제, 높은 관리 비용 및 지배 구 조 투명성 저하 가능성	대기업, 다국적 기업, 금융, 제조 업

• 주식 교환(Share Swap) 방식

① 방법 : 기존 회사의 주주들이 새로운 해외 모회사의 주식을 받
고, 기존 회사는 새 모회사의 자회사로 편입되는 방식이다.

② 장점 : 기존의 소유 구조와 경영 연속성을 유지하면서 본사 관할
지를 바꿀 수 있어, 주주나 투자자들에게 더 수용성이 높다. 또
한 법적 절차가 비교적 명확하고 많은 국가에서 실행 가능하다.

③ 단점 : 주주들의 승인을 받아야 하며, 주식 교환 절차에서 세금
문제가 발생할 수 있다. 또한, 일부 국가에서는 복잡한 법적 요
건이 추가될 수 있다.

• 역합병(Reverse Merger)

① 방법 : 해외에 새로운 법인을 설립한 후, 기존 본사를 새로운 법
인에 합병시켜 본사를 새로운 국가로 이전하는 방식이다.

② 장점 : 절차가 상대적으로 간단하여 빠르게 진행할 수 있으며, 기존 회사의 법적 지위를 유지하면서 본사 관할지를 변경할 수 있다.

③ 단점 : 일부 국가에서는 합병 절차에 대해 까다로운 규제가 있을 수 있으며, 기존 주주의 소유권이나 지분 구조가 복잡해질 가능성이 있다.

• **자산 매각 후 신설 법인이 인수(Asset Sale and New Entity Acquisition)**

① 방법 : 본사를 이전할 국가에 새 법인을 설립하고 기존 자산 및 사업을 매각하여 새로운 법인이 이를 인수하는 방식이다.

② 장점 : 새로운 법적 관할지의 법인으로 완전히 새롭게 출발할 수 있으며, 기존 자산 및 사업의 재구성 기회를 가질 수 있다.

③ 단점 : 자산 매각 및 인수 과정에서 높은 세금이 부과될 수 있으며, 고객과 공급망 관리 등에서 기존 사업의 연속성을 잃을 리스트가 있다.

• 지주회사 구조 도입 (Holding Company Structure)

① 방법 : 새로운 국가에 지주회사(Holding Company)를 설립하고, 기존 본사를 자회사로 전환하는 방식이다. 새로운 지주회사가 기존 회사를 소유하며 전체 그룹을 통제한다.

② 장점 : 지주회사가 여러 국가에서 자회사를 통제할 수 있는 구조

로, 세금 관리와 사업 확장에 유리하다. 특히 다국적 기업들이 자주 사용하는 방식으로, 다양한 사업부를 더 효율적으로 관리할 수 있다.

③ 단점 : 구조가 복잡해지며, 각국에서 발생하는 이중과세 문제와 법적 비용이 증가할 수 있습니다. 관리 비용 또한 높아지고, 지배 구조의 투명성이 떨어질 수 있다.

이 중 가장 보편적인 형태는 주식 교환(Share Swap)과 역합병(Reverse Merger) 방식이다. 이 두 가지는 특히 글로벌 기업들이 본사를 재구성할 때 자주 사용되는 방법이다. 이 두 방법은 절차의 명확성과 상대적인 효율성 때문에 많이 채택됩니다. 특히 글로벌 확장이나 세금 최적화 목적의 본사 이전에서 자주 사용되며, 주주들에게도 수용성이 높다는 장점이 있다.

4　자진폐업

　　온라인상으로 나와 있는 수많은 정보 중에 창업과 성공사례에 관한 이야기는 많지만 정작 폐업에 관한 정보는 찾아보기 어렵다. 하지만 폐업도 중요한 EXIT(출구전략) 중 하나라고 생각한다. 만약 폐업 사유가 발생하였다면 누구보다 발 빠르게 폐업을 진행하는 것이 고정비용을 줄일 수 있는 길이다. 또한 시대의 흐름에 따라서 폐업 후, 재창업 및 취업도 하나의 전략인 것이다. 하지만 폐업 후, 재창업을 기획한다면 정말 기존에 운영했던 사업을 철저하게 다시 분석할 필요가 있다. 실패 요인이 내부 요인이었는지, 외부 요인이었는지 등 모든 부분에 있어서 철저히 조사하고 분석한 후 재창업을 하여야 할 것이다.

　　내가 아는 지인은 폐업이 창업보다 두 배는 힘들다고 말한다. 아마 창업 아이템에 대한 희망과 쏟아부은 노력과 매몰 비용으로 인해서일 것이다. 정주영 회장이 쓴 책 중에 "시련은 있어도 실패는 없다"라는 책이 있다. 우리 창업자들도 폐업을 실패라 여기지 말고, 시련이라 여기고 반드시 재기에 성공하였으면 한다.